1日1テーマ
読むだけで身につく
営業トーク大全 100

営業コンサルタント 大岩俊之

自由国民社

― はじめに ―

みなさんの営業スタイルはどちらですか？
A「あまり細かいことは考えず、とにかく行動する人」
B「自分の言葉が相手にどう影響を与えるか考える人」

A「あまり細かいことは考えず、とにかく行動する人」が自分のスタイルだという方は、この本を読んでも学びは少ないかもしれません。このタイプの人は、「深く考えない」「相手のことも気にしない」「クヨクヨしない」という特徴があり、とにかく行動力、突撃力でカバーするからです。新規開拓、テレアポ、電話営業には、欠かせない要素です。

この本を、ぜひ、読んで欲しいのは、B「自分の言葉が相手にどう影響を与えるのか考える人」です。個人営業でも、法人営業でも、営業成績がよい人は、常に、自分の言葉が、どう相手に影響を与えるかを考え、その場に応じた言葉を上手に使いこなしています。逆に、考えすぎて行動できなかったり、相手の反応が気になりすぎて強く押せなかったりして、悩んでいる人もいます。
どちらにしても、相手の反応に敏感な人です。意外と、新規開拓、テレアポ、電話営業で優秀な人も、こちらの要素を持っている人が多いです。

営業に必要な要素は、「行動力×トーク力（ヒアリング力を含む）」の組み合わせであると考えています。行動力がゼロでは話になりませんが、行動力だけが優れていても成約はできません。ヒアリング力は、聞く力を鍛えることができますし、聞き出す力は質問力ですので、トーク力に含まれます。売れる営業と売れない営業の差は、トーク力の差であるといっても過言ではありません。

営業のトーク力は、人対人のやりとりなので、場面によって大きく違い、共通化できないという人がいます。しかし、現代の営業は、かなり体系化されてきています。できる営業のノウハウは個人が独占するのではなく、社内で公開して、みなで取り入れていこうという動きが出てきています。Aのケースではこの言葉、Bのケースではこの言葉が有効ということも分かってきています。

申し遅れましたが、自己紹介をさせてください。元々、理系出身でITエンジニアだったため、営業職に就くとは想像もしていませんでした。営業を始めた頃は、ミスが多い上に気が利かない人だったらしく、お客様からよく叱られました。当然、お客様からは、全く相手にしてもらえません。元々、しゃべるのが好きでしたが、しゃべりが得意なことと、売れる営業とは別なんだということを知りました。よくしゃべる私と会うと、驚く人も多いのですが、HSS型HSP気質のため、必要以上に人と会いたくありません。打たれ弱く、人の反応にものすごく敏感です。

2

「断られる」ことに耐えられないので、クロージングは苦手です。白黒ハッキリさせたくないのです。これではいけないと考え、得意な論理的思考を活用し、どうしたら断られずに、トークで自分に有利な方向に持っていくことができるのかを体系化し、営業職でトップセールスを維持してきました。これが、本書で紹介する営業トークの原点です。

　この本は、営業で起こる、あらゆる場面を100個抜き出し、トーク術としてまとめた本です。

　自分自身の営業経験(会社員16年、独立後13年)、営業研修、営業コンサルで、1万人以上に指導してきた経験、コロナ禍にX(旧Twitter)スペース(音声ライブ配信)で1年間、毎週1回、できる営業(旧TwitterDMで直接オファーした方々)をゲストに迎え、インタビューしてきた経験から、トーク術にまとめました。

　全12章で構成されており、「成果をもたらす簡単なトーク」「信頼関係構築トーク」「タイプ別のトーク」「ヒアリングするためのトーク」「プレゼン用のトーク」「心理テクニックトーク」「価値を売るためのトーク」「交渉のトーク」「応酬話法のトーク」「クロージングトーク」「二度手間にならないトーク」「商談後のトーク」と、営業がよく使う、アプローチ、ヒアリング、企画提案、プレゼン、交渉、クロージングという流れに沿って作られています。

　法人向け営業だけではなく、個人向け営業、新規開拓、ルート営業、有形商材、無形商材など、あらゆる商材やサービスを扱う営業に対応できる内容に仕上げました。

　この本でトーク力を鍛え、ぜひ、売れる営業になってください！

大岩俊之

目 次

はじめに	………………………………………………	2
本書の読み方	…………………………………………	10

第1章

ちょっとした言葉が大きな効果をもたらすトーク

001	大きな効果をもたらす些細な言葉 ………………………	14
002	あいさつには、「○○さん」と名前を付け加える …………	16
003	お願いごとには、「ぜひ」を付け加える …………………	18
004	「御社」ではなく、人の名前を呼ぶ ………………………	20
005	お礼にも人の名前を入れる ………………………………	22
006	お礼には感謝の気持ちを伝える …………………………	24
007	会話の途中に「へー」「ほー」を入れる …………………	26
008	会話の主語は「あなた」 …………………………………	28
009	商談のはじめはアイスブレイクから ……………………	30
010	話を和らげるクッション言葉 ……………………………	32
011	沈黙は自分から破らない …………………………………	34
コラム1	ひと言、伝えておくべきだった ………………………	36

第2章

信頼関係を構築するためのトーク

012	信頼関係があるとなぜいいのか？ ………………………	38

4

013	自己開示をして関係を深める（ジョハリの窓）	40
014	共通点を見つけて距離を近づける	42
015	雑談の基本トーク	44
016	最低3回は会う理由を作る	46
017	人の話を聴くスキル	48
018	相手の話を繰り返すスキル　4パターン	50
019	相手の話の腰を折らない返し方	52
020	社内で当たり前の専門用語は使わない	54
021	声のトーンを合わせるスキル	56
022	初期段階では「買ってください」と言わない	58
コラム2	仕事はコミュニケーションだと知る	60

第3章

人のタイプ別に効果を発揮するトーク

023	人の優位感覚を見極める	62
024	視覚優位（V）の人へのトーク	64
025	聴覚優位（A）の人へのトーク	66
026	体感覚優位（K）の人へのトーク	68
027	ソーシャルスタイルの4つのタイプで見極める	70
028	ドライビングの人へのトーク	72
029	エクスプレッシブの人へのトーク	74
030	エミアブルの人へのトーク	76
031	アナリティカルの人へのトーク	78
032	権威、やりがい、お金の3タイプで見極める	80
033	権威に反応する人へのトーク	82
034	やりがいに反応する人へのトーク	84
035	お金に反応する人へのトーク	86
コラム3	人を見極める大切さを知る	88

第4章

情報をヒアリングするためのトーク

036	質問によって引き出す	90
037	お客様が購入検討する目的を確認する	92
038	話をいろいろ聞き出すための拡大質問	94
039	話を狭めるための限定質問	96
040	予算を確認するためのトーク	98
041	日々の困りごとをヒアリングする	100
042	顕在需要を引き出すための質問	102
043	将来的な潜在需要を引き出す質問	104
コラム4	打ち合わせ時に「前のめりでない」とキャンセルされた	106

第5章

商品説明（プレゼン）、比較検討するためのトーク

044	商品やサービスの提案はとても重要	108
045	比較検討するために2つの案を提示する	110
046	断られないために3つの案を提示する	112
047	良い面と悪い面を同時に伝える	114
048	商品説明は、結論から話すPREP法で	116
049	全体の概略から伝えるホールパート法	118
コラム5	遅刻で、かなりのマイナス印象を与えてしまった	120

第6章

営業に使える心理テクニックトーク

050	心理テクニックは営業にピッタリ	122

051	何かをしてもらったらお返しをしたくなる（返報性の法則）	124
052	多くの人と同じ行動をとりたくなる（社会的証明）	126
053	数量限定、期間限定などに反応しやすい（希少性の法則）	128
054	肩書のある人の話は信用しやすい（権威の法則）	130
055	一度決定するとその後コミットメントした行動をとる（一貫性の法則）	132
056	お客様に貸し出す、期間限定で無料にする（保有効果）	134
コラム6	店舗では、お客様とは話さない方がいい	136

第7章

商品より価値を売るためのトーク

057	お客様の視点を移動させるテクニック	138
058	商品の値段から全体スケールへ視点をずらすトーク	140
059	購入後のメリットをイメージさせるトーク	142
060	安さ以外を売りにするトーク	144
061	競合他社を確認するためのトーク	146
062	重要事項は、言葉だけでなく文字に残すトーク	148
コラム7	ルート営業でも弱小メーカーは相手にされない	150

第8章

交渉がうまくなるトーク

063	交渉とは何か？	152
064	キーマンを見つける方法	154
065	担当者の上司に決済をしてもらうための伝え方	156
066	あきらめない気持ちを持ったトーク	158
067	交渉のBATNAを持ったトーク	160
068	交渉の目標値（ゾーン）を決めたトーク	162
069	データや科学的根拠を用いて論理的に示す	164

070	感情を揺さぶる交渉トーク	166
071	NO！とハッキリ断る勇気	168
コラム8	アポなしで伺ったら大目玉	170

第9章

応酬話法を使ったトーク、切り返しトーク

072	応酬話法、切り返しトークの効果	172
073	質問を重ねながら課題やニーズを聞き出す（質問話法）	174
074	マイナスの発言をポジティブに変換する（ブーメラン話法）	176
075	相手の意見を受け止めてから反論する（イエスバット話法）	178
076	相手の意見を受け止めた後に詳しい説明（イエスアンド話法）	180
077	相手の気持ちに寄り添いながらすすめる（寄り添い話法）	182
078	例え話を使って購入した後を想像してもらう（例話法）	184
079	都合の悪い話を聞き流す（聞き流し話法）	186
080	話が行き詰ったときに資料を見せ会話を続ける（資料活用法）	188
コラム9	購買担当者の要望価格をのめず断ったら、 罵声と机をひっくり返される	190

第10章

テストクロージング、クロージングのトーク

081	ヒューリスティック処理とシステマティック処理について	192
082	深く物事を考えさせずに説得する（ヒューリスティック処理）	194
083	内容を深く考え検討させる（システマティック処理）	196
084	買う人を見極めるトーク	198
085	買わない人を見極めるトーク	200
086	購入を迷っている人を見極めるトーク	202
087	少し押し気味に購入を促す	204

コラム10　キーマンを怒らせると大変なことになる ………………………… 206

第11章

二度手間にならないトーク

088	生産性を上げ、効率よく仕事をするためのコツ ……………………	208
089	次回の打ち合わせはその場で取る ……………………………………	210
090	あいまいな言葉を避けるトーク ………………………………………	212
091	日程に加え、曜日と時間を付け加える ……………………………	214
092	1つの電話やメールで依頼は1つだけ ………………………………	216
093	「言った、言わない」を防ぐための念押しトーク …………………	218
094	○分ではなく終了時間を伝える ………………………………………	220
095	人は忘れやすいと覚えておく（エビングハウス忘却曲線）…………	222
コラム11	事務アシスタントがExcelの原価が書いてあるシートを送ってしまった ………………………………………………………	224

第12章

商談後のトーク

096	買うか買わないかを決めるのはお客様。すべてに理由がある ……	226
097	受注できなかった場合の理由を確認する …………………………	228
098	受注できた場合の理由を確認する …………………………………	230
099	売った後が財布のひもが緩くなる …………………………………	232
100	販売後のアフターフォローに全力をそそぐ ………………………	234
コラム12	お客様のご厚意には、絶対に応じること …………………………	236

| おわりに ……………………………………………………………………… | 237 |
| 参考文献 ……………………………………………………………………… | 238 |

本書の読み方

　この本では、営業トークが100通り、紹介されています。
　左側のページには、営業トークの内容が文章で説明してあります。右側のページには、実際のトーク場面、もしくは、図を掲載して分かりやすくしています。

　人によって、得意、苦手、興味ある、興味なしがあるため、必ずしも、第一章から読む必要はなく、自分が読みたい章やページから読み進めても大丈夫です。

左側のページの上には、「法人営業」「個人営業」「ルート営業」「新規営業」「有形商材」「無形商材」という表示をつけ、実際にどの営業で使われるのかを示しています。「高額商品」「低額商品」について、営業トークによる差は少ないため省いてあります。

実際のトーク場面では、話している内容によって、笑顔であったり、普通の顔であったり、厳しい顔でというように、顔の表情で、いいトークか、よくないトークかが見てすぐ分かるようになっています。

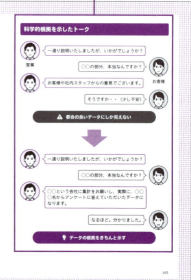

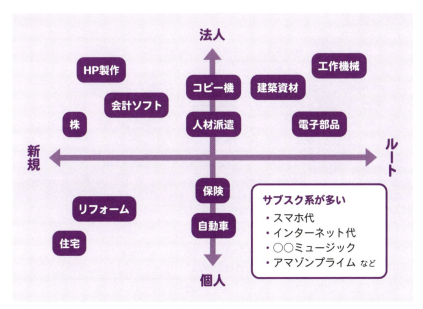

※保険、自動車のように、法人・個人両方扱うものもある

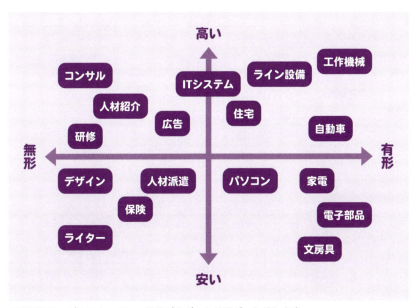

※商品やサービスによっては、値段が上がったり下がったりします

営業の詳細

個人営業	個人に対して営業を行うもの（BtoC）
法人営業	法人に対して営業を行うもの（BtoB）
有形商材	自動車、住宅、家電、設備など、形のあるもの
無形商材	保険、コンサルティング、金融商品など、形のないもの
高額商品	工場設備、工作機械、住宅、ITシステムなど
低額商品	電子部品、文房具、工具、資材、材料など

新規開拓：新しいお客様（取引先）を探すための営業	
電話営業	電話で売る、電話でアポを取る
飛び込み営業	個人宅や企業をアポなしで訪問
反響営業	チラシや広告などの問い合わせに対して営業をする （リフォーム、外壁塗装など）
来店型営業	店舗に訪れた人に対して営業をする （新築・中古住宅、自動車、保険ショップ、学習塾など）
紹介営業	紹介をもらった先に営業をする
インサイドセールス	内勤者が電話で営業するという意味と、資料請求など何らかの反応があった人に電話をして、別の人が商談に出向き、別の人がクロージングするという一連の方法がある
代行営業	ある会社の社員になりきって新規に営業をして成約までを行う

ルート営業：既存のお客様（取引先）に対して営業をするもの	
御用聞き営業	「何かないですか？」と御用を聞いて回る営業 （チラシや在庫を補充する、老舗系のオフィス用品など）
配達兼営業	資材など配達を兼ねた営業 （建築資材、工具など）
店舗営業	お店を回り新商品の案内やキャンペーンの提案をする営業 （家電量販店、書店、携帯ショップ、ホームセンター、薬局向け営業など）
企画提案営業	ニーズに合わせた企画を自ら提案する営業 （電子部品、本部仕入れ担当への営業など）
ソリューション営業	顧客とのヒアリングを重ねながら問題を発見し、課題を解決するための提案をする営業で自社製品を売ることが目的 （ITシステム、会計システム、受発注システム、企業研修など）
コンサルティング営業	様々な知識やノウハウを活用して、顧客が抱える課題を解決する営業で自社製品を売ることだけが目的ではない （ITコンサル、デジタルトランスフォーメーションなど）

上記に紹介した営業は、単独ではなく、組み合わさっている営業も多いです。

第1章

ちょっとした言葉が大きな効果をもたらすトーク

 この企画案、いかがでしょうか？

 この企画案ですと、私より、A部署のBさんに提案した方がよさそうです。
もしよろしければ、ご紹介しましょうか

 ぜひ、よろしくお願いいたします

 確認して連絡しますね

| 個人 | 法人 | ルート | 新規 | 有形 | 無形 |

第1章

ちょっとした言葉が大きな効果をもたらすトーク

001

Theme 1日

大きな効果をもたらす
些細な言葉

　新規電話営業、新規飛び込み営業でもない限り、営業パーソンがお客様と１回しか会わない（１回しか会話しない）なんてことはありません。最低でも２回以上、法人向けの商品やサービスであれば、電話やメールを合わせると、１０回以上はやりとりするはずです。同じお客様に通うルートセールスであれば、お客様と会う回数（やり取りする回数）は、百回は超えるでしょう。

　このように、複数回やり取りする相手に対して、ほんの少し工夫をするだけで、営業パーソンの印象はかなり上がります。目立った効果はないかもしれません。すぐ売れるなどの即効性もありません。それでも、じわじわと少しずつ相手に与える印象は、ものすごいパワーに変わっていきます。

　イメージとしては、０．１を積み重ねる感じでしょうか。**１つ１つのパワーは小さくても、１０回積み重ねれば、１になります。１００回積み重ねれば、１０になります。**この積み重ねが重要なのです。

　会社内の相手であれば、毎日、顔をあわせます。あいさつや会話をする回数は、何千回、何万回にもなるでしょう。営業で使う前に、社内での会話から変えていくのもありです。

営業の基本は人対人

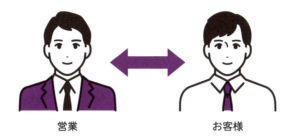

法人と法人の取引でも、話をするのは人と人です

積み重ねが大きな結果になる

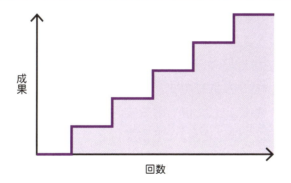

感謝の表現をする

| 個人 | 法人 | ルート | 新規 | 有形 | 無形 |

第1章

ちょっとした言葉が大きな効果をもたらすトーク

002

Theme 1日

あいさつには、「○○さん」と名前を付け加える

「おはようございます」
「こんにちは」
「お久しぶりです」
「お世話になっております」

　人と人の挨拶は日々行われています。これらの挨拶は、多くの人が使っているやり取りですが、売れる営業パーソンになりたければ、もう少し工夫したいものです。

　挨拶の前に、「○○さん」と名前を付けて挨拶するだけです。

「○○さん、おはようございます」
「○○さん、こんにちは」
「○○さん、お久しぶりです」
「○○さん、お世話になっております」

　名前を付けるだけで、何だか印象が変わりませんか。

　営業パーソンがお客様先でよく使う言葉である「お世話になっております」は、「○○さん、お世話になっております」と変えるだけです。

　とても簡単なことですが、何十回、何百回と繰り返していくことで、大きな差がつくようになります。

お客様先での会話

営業

いつもお世話になっております

お世話になっております

お客様

本日の本題ですが・・・

○○さん、いつもお世話になっております

こちらこそ、お世話になっております

○○さん、お久しぶりですね

もう、1ヶ月会ってないですね？

💡 **すれ違ったときの会話でも、効果が高いです**

「名前は、当人にとって、もっとも快い、もっともたいせつな響きを持つことばであることを忘れない」（デール・カーネギー）人を動かす

17

第1章 ちょっとした言葉が大きな効果をもたらすトーク

`個人` `法人` `ルート` `新規` `有形` `無形`

003

お願いごとには、「ぜひ」を付け加える

　相手に何かをお願いしたい場合、「お願いします！」という言葉を使う人は多いでしょう。これをもっと丁寧にすると、「よろしくお願いします」という感じでしょうか。さらに丁寧にすると、「よろしくお願いいたします」という感じになりますが、相手に与える印象は、そんなに大きく変わりません。

　ここでは、魔法の言葉を付け加えて欲しいのです。それは、「ぜひ」という言葉です。「お願いします」に「ぜひ」を付け加えると、「ぜひ、お願いします」。「よろしくお願いします」に「ぜひ」を付け加えると、「ぜひ、よろしくお願いします」となります。

　相手に与える印象は、大きく変わります。「ぜひ」は、お願いする言葉以外にも使えます。

　例えば、何かを任せて欲しいときに使う「お任せください」という言葉に、「ぜひ」を付け加えると、「ぜひ、お任せください」となります。何かを教えて欲しいときに使う「教えてください」という言葉に、「ぜひ」を付け加えると、「ぜひ、教えてください」となります。

　みなさんも「ぜひ」使ってみてください。

何かをお願いするときの会話

営業

「この企画案、いかがでしょうか？」

「この企画案ですと、私より、A部署のBさんに提案した方がよさそうです。
もしよろしければ、ご紹介しましょうか」

お客様

「よろしくお願いいたします」

「この企画案、いかがでしょうか？」

「この企画案ですと、私より、A部署のBさんに提案した方がよさそうです。
もしよろしければ、ご紹介しましょうか」

「ぜひ、よろしくお願いいたします」

「確認して連絡しますね」

💡 やり取りは、変わっていませんが、会話に「ぜひ」を付け加えただけです。言葉にすると、印象が大きく変わったと感じた方も多いはずです。

第1章

ちょっとした言葉が大きな効果をもたらすトーク

法人　ルート　新規　有形　無形

004 ① Theme 日

「御社」ではなく、人の名前を呼ぶ

　普段から、「御社」という言葉は、使わない方がいいと教えています。丁寧な言葉なのですが、非常に都合がいい言葉だとも言えます。

　相手の会社名をど忘れしたとき、相手の会社名を間違って記憶していたときでも、「御社」と言えばこと足りてしまいます。

　これは、久しぶりにお会いした人の名前を忘れたとき、相手の名前を呼ばずに、ごまかしてしまうのと似ています。相手の名前を忘れるなどの失礼はないとしても、**目の前にいる人は、会社ではなく、会社を代表した人です。名前があるのに、名前を呼ばないと言うのは、とてももったいないです。**

　これは、中小企業の社長と話すときに、「社長」「社長」という人が多いですが、「○○社長」と言うべきです。講師や士業の先生と話すときも、「先生」ではなく、「○○先生」です。個人相手に話すときも同じです。「ご主人」「奥さん」ではなく、「○○さん」です。

　「御社」「弊社」というのは、形式的なときだけで、普段のやり取りでは使わないことをおススメします。どうしても、よそよそしくなり、相手との距離ができてしまいます。

お客様との会話

営業

御社は、どのように採用決定をされるのでしょうか？

お客様

金額と提案内容を精査して決める予定です

今回、弊社の提案した案はいかがでしょうか？

そうですね。悪くはないと思います

○○さん、どのように採用決定をされるのか教えていただけませんでしょうか

金額と提案内容を精査して決める予定です

○○さん、この提案した内容、率直にいかがでしょうか？

○○さん、悪くはないと思いますが、ここが気になります

💡 このやり取り、「御社」を「○○さん」に変えるだけで、大きく印象が変わったことが分かると思います

| 個人 | 法人 | ルート | 新規 | 有形 | 無形 |

005

1 Theme 日

お礼にも
人の名前を入れる

　お礼の伝え方には、３段階あると考えています。

　１つ目は、ただ単に「ありがとうございます」とお礼を伝えることです。この「ありがとう」という言葉が伝えられない人もたくさんいますので、とても重要な言葉です。

　２つ目は、相手の名前を入れ「○○さん、ありがとうございます」とお礼を伝えることです。名前を入れるだけでも、相手に与える印象は、大きく変わります。

　３つ目は、「相手の名前」「いつも」と、言葉を増やしたお礼を伝えることです。「いつも、○○さん、ありがとうございます」「○○さん、いつも、ありがとうございます」という感じでしょうか。今まで何度も会ったことがある場合、「いつも」という言葉を入れるだけで、あたかも「毎回、感謝していますよ」という印象を与えることができます。

　日本人は、恥ずかしくて相手にお礼を伝えるのが苦手なようです。**ここは、せっかくですので、最低限でも「○○さん」と相手の名前を付けてお礼を伝えてあげましょう。**

　相手に対するお礼が伝われば伝わるほど、効果があります。ほんのちょっとした違いです。

何かをしてもらった場合

営業:ありがとうございます！

お客様:はい

○○さん、ありがとうございます！

いえいえ、こちらこそ！

○○さん、いつも、ありがとうございます！

とんでもないです！

いつも、○○さん、ありがとうございます！

とんでもないです！

| 個人 | 法人 | ルート | 新規 | 有形 | 無形 |

006

Theme 1日

お礼には
感謝の気持ちを伝える

お礼を言うことは、とても大切です。大人になっても、お礼すら言えない人も多いです。私も、恥ずかしくて「お礼」が言えない人でした。

昔、付き合っていた女性に、あなたは「感謝がたりない！」と言われ、自分では感謝しているつもりでも、「言葉」にしないと伝わらないことに気がつきました。人が育った環境、人の性格にもよりますので、日頃から、訓練しておくといいでしょう。

せっかくなので、ただ、お礼を伝えるだけではなく、感謝の気持ちを伝えるようにすると、ぐっと相手との距離が近くなります。

「ありがとうございます」でも問題ありませんが、できれば「お会いできて」「お話ができて」「提案書を確認してもらい」というように、何らかの行動に対して、お礼の言葉を述べるといいでしょう。

「お会いできて（嬉しいです）」「お話の機会をいただき（ありがとうございました）」「提案書を確認してもらい（本当にありがとうございます）」という感じで使っていくと、相手に与える印象は、かなり良くなります。

何かをしてもらった場合

営業：本日は、ありがとうございました

お客様：こちらこそ、ありがとうございました

⬇

本日は、お会いできて嬉しかったです

私も嬉しかったです

相手との距離感

離れている

普通の距離

近い

| 個人 | 法人 | ルート | 新規 | 有形 | 無形 |

007

1 Theme **日**

会話の途中に「へー」「ほー」を入れる

第1章

ちょっとした言葉が大きな効果をもたらすトーク

営業パーソンに限らず、人の話を聞くのは基本中の基本です。人は、どうしても自分の方が、たくさんしゃべりたくなります。自分から意識をしないと、自分がしゃべるばかりになってしまいます。

営業研修のロールプレイングや営業同行をしながら営業パーソンを見ていると、だいたい営業パーソン7割、お客様3割でやり取りをしています。本来は、この逆の比率が理想です。

臨床心理士、公認心理士などの心理カウンセラーは、人の話を徹底的に聞く訓練をします。それだけ、人の話を聞くことは、大変な作業なのです。

「うなづく」「あいづち」「言葉の繰り返し」などをしながら、人の話を聞くのがベストですが、**さらに場の雰囲気を盛り上げるためには、会話の途中で「へー」「ほー」と入れながら聞くことです。**

真面目な話、雰囲気が暗いときには使いにくいですが、初めて聞いた話がすごいと思ったら「へー」と共感し、相手の話に引き込まれそうになったら、「ほー」と感動します。前のめりになりながら、「へー」「ほー」を入れると、さらに効果が抜群です。

たったこれだけで効果があるトーク、使わない手はないです。

26

お客様との会話

営業

最近、新入社員が入られたんですね

お客様

久しぶりに、いい人材が採用できました

それは良かったですね

ほんと良かったです

期待できそうですね

最近、新入社員が入られたんですね

久しぶりに、いい人材が採用できました

へー、それは良かったですね

即戦力として活躍してくれそうです

へー、それは期待できますね

 「へー」「ほー」と、会話に入れるだけで、大きく流れが変わります

| 個人 | 法人 | ルート | 新規 | 有形 | 無形 |

008

Theme 1 日

会話の主語は「あなた」

　人と会話をしていると、第三者が出てくることがよくあります。

　第三者というと両親、友達、妻、子が多いですが、相手との関係が深くなると、会社の上司、部下の話題も増えてきます。ここでいう第三者とは、自分以外の人が出てきた会話のことになります。

　30歳前後のお客様と会話をしているときは、奥さまの話、お子さんの話、50歳前後のお客様と会話をしているときは、お子さんの受験の話などが出てきます。そんなとき、主語が「お客様の○○さん」ではなく、お子さんの「○○くん」などに変わってしまうことがあります。

　例えば、偏差値の高い高校に合格した話から、「○○くんは、受験勉強を頑張ったんですね！」というように、主語がお子さんに変わっています。**あくまで、会話をしているのは、お客様であり、お子さんではありません。**

　「○○さん、お子さんがいい高校に合格できて一安心ですね！」と、常に、会話の主語は「あなた」である必要があります。機嫌を損ねる人もいるため、注意が必要です。

お客様との会話

営業

○○さん、お料理が上手だと聞きましたよ

ありがとうございます。夜ごはんは、たいてい私が作っています

お客様

奥さんも助かりますね

共働きですから、協力しないと

さすがです。うちは家庭のことは、妻に任せきりです

⚠ **会話の主語が、○○さん、奥さんと変わりすぎです**

○○さん、お料理が上手だと聞きましたよ

ありがとうございます。夜ごはんは、たいてい私が作っています

どんな料理を作るのですか？

ハンバーグが得意なんですよ

美味しく作るコツ、今度教えてください

💡 **一貫して、主語は○○さんのままです**

| 個人 | 法人 | ルート | 新規 | 有形 | 無形 |

009

第1章

ちょっとした言葉が大きな効果をもたらすトーク

商談のはじめは
アイスブレイクから

　アイスブレイクとは、氷を解かすという意味で、会議、商談などで、緊張感のある場を和ませるために使うコミュニケーションのことです。 初対面の人には、特に効果がありますが、慣れた人にも使います。雑談もアイスブレイクの１つですが、まだ関係が浅い人には、話が続かず使いにくいです。

　私が普段行っている企業研修では、アイスブレイクが欠かせません。多くの人は、会社命令で研修に来ていることが多く、朝から前向きである人は一部だけです。何をやらされるのかと、構えている人もいます。そのために、グループワークや、参加者全員で動きながら自己紹介をするなどして、場の雰囲気をほぐしていきます。

　営業の商談は、１時間程度ですし、かしこまった場ですので、軽く雰囲気をほぐす程度がいいでしょう。お会いした回数が少なく、相手との距離関係が縮まっていない場合は、５分くらいで本題に入ります。慣れたお客様であれば、１０分くらい雑談することもあるでしょう。雑談好きのお客様は、１０分以上話をすることもありますし、雑談嫌いのお客様は、いきなり本題に入ることもあります。

営業で使うアイスブレイクの種類

天気の話

地域の話

話題のニュース

仕事の話

連休の話

| 個人 | 法人 | ルート | 新規 | 有形 | 無形 |

010 ① Theme 日

話を和らげる
クッション言葉

第1章

ちょっとした言葉が大きな効果をもたらすトーク

　外国人に聞くと、かなり日本語は難しいようです。日本人がよく使う「くらい」「早めに」「なるべく」というような、あいまいな言葉、「いいです」というように、「いる」のか「いらない」どちらとも取れる、ややこしい言葉があります。

　日本人は、その場の雰囲気を読み取り、すべてを言葉に表現しなくても、感じ取る習慣があります。この習慣こそが、日本語そのものです。空気を読まない欧米人からしたら、驚くような習慣かもしれませんね。

　海外企業としかやり取りをしない友人が言っていたのですが、通訳を依頼して外国人と商談をすると、全然、成約が出来なかったため、彼は、一生懸命、語学を勉強し、自分で外国語を使って商談するようになったら、成約率が一気に上がったそうです。それだけ、日本語の表現というのは、難しいようです。

　例えば、聞き出しにくいことを聞きたい場合、クッション言葉として「失礼なことをお伺いするかもしれませんが」、何かを依頼するときは、「お忙しいところ申し訳ございませんが」などと入れるとスムーズです。

依頼 するとき	・恐れ入りますが ・お忙しいところ 　申し訳ございませんが ・お手数をおかけいたしますが
断るとき	・申し訳ございませんが ・ご期待に添えず 　申し訳ありませんが
尋ねる とき	・差し支えなければ ・もしよろしければ ・ご迷惑でなければ
返信が 欲しいとき	・お手すきのときに ・時間が出来ましたら

| 個人 | 法人 | ルート | 新規 | 有形 | 無形 |

011

1 Theme 日

沈黙は
自分から破らない

第1章

ちょっとした言葉が大きな効果をもたらすトーク

　沈黙とは、お互いに何も会話することがなくなり無言の状態と、どちらかが何かを考えているときに発生する無言の状態があります。営業パーソンが気をつけなければならないのが、後者の何かを考えているときの沈黙です。

　営業パーソンは、おしゃべりな人が多いため、とにかく、沈黙を嫌います。沈黙を嫌うあまり、相手が話そうとしていることを先読みし、不利なことをしゃべっているケースが多いのです。例えば、「少し高いなー」と言って考えているのに、「どれくらい高いのですか？」と値引きをにおわすことを伝えてしまったり、「希望額からはほど遠いですか？」とまだまだ値引き出来ます的な会話をしてしまったりする営業パーソンが多いです。

　相手が考えて沈黙になった場合は、絶対に、こちらは何も言わないことです。相手が考えて出した言葉に対して、やり取りをするのです。この基本を忘れないようにしましょう。

　沈黙を嫌うための会話は、絶対に、自分が不利な状況に追い込まれるだけです。相手が困っていなければ、沈黙になりませんから。

お客様との会話

営業

提示する値段は、○○円ですが、いかがでしょうか？

んー、少し高いような・・・（沈黙）

お客様

どれくらいがご希望ですか？

そうですねー（沈黙）

○○くらいでしょうか？

⚠ **沈黙を嫌うあまり、自分に不利な情報でつないでいる**

⬇

提示する値段は、○○円ですが、いかがでしょうか？

んー、少し高いような・・・（沈黙）

（沈黙）

希望は、○○くらいですかね

なるほど。今回は、●●と○○があり、費用がかかっているんです

💡 **沈黙を上手に使っている**

コラム 1

ひと言、
伝えておくべきだった

　店舗向け営業であるパソコンメーカーにいたとき、本部のバイヤー担当と店舗の担当に営業が分かれていました。私が、店舗の担当をしていたとき、本部担当の営業（上司）から、ある大型店舗でセールをやるため、他の店舗にある在庫を、大型店舗に移動するようお店に連絡して欲しいとの指示がありました。

　私のいたパソコンメーカーは弱小のため、ただ、お店に並べただけでは、売れません。売れるお店で売ってもらったり、売れないお店で売るのをあきらめて在庫を引き取ったりする工夫が必要でした。

　家電量販店の本部で決めた内容のため、30くらいの店舗に電話をして、大型店舗のパソコン担当のKさん宛に送ってもらうよう電話で依頼をしました。

　次の日、大型店舗Kさんから怒って電話がありました。「私宛にパソコンが届いているけど、何を勝手に送っているの？許可していないけど？すぐ引き取りに来い！」と、かなり怒っている様子でした。てっきり、お客様の会社内で決めた話なので、話が通じていると思っていたのですが、大企業によくある、話が伝わっていないパターンでした。

　知っている担当者でしたので、理由を説明し、謝り倒しました。以前、トヨタ系の大企業を担当しているとき、ある部署で決めた話は、先方から関係部署に連絡するのではなく、営業から各部署に連絡をするという状況が何度もありました。

　商品を送る前に、ひとこと、大型店舗の担当Kさんに連絡をしておくべきでした。このひとことがあるかないかで、営業のしやすさは大きく変わってしまいます。

第2章

信頼関係を構築するためのトーク

 繁忙期で忙しくて、なかなか疲れが取れず、しんどいです

疲れが取れないと、しんどいんですよね

| 個人 | 法人 | ルート | 新規 | 有形 | 無形 |

第2章 信頼関係を構築するためのトーク

012

Theme 1 日

信頼関係があると なぜいいのか？

　みなさんは、知らない人から商品やサービスを買うのと、知っている人から買うのでは、どちらが買う気になりますか？

　「知っていると強く言えなくなるから、知らない人の方がいい」と言う人もいますが、おそらく、多くの人は、「知っている人から買いたい」と答えるはずです。新車を買う時は、メーカー系自動車ディーラーに行きますが、ここで人をだますことはまずないので、問題ないかもしれません。

　しかし、最近話題の中古車販売、中古車買い取り業者や、中身がよく分からない、リフォーム、外壁塗装などは、心配ではないでしょうか。建築業界の友人は、業者をきちんと選ばないと、大変なことになる（値段の割には中身がない）と言っています。

　ITシステム構築なども、中身が分からないため、知り合いからの紹介が安心です。私の知り合いの社長は、口の上手い営業パーソンの言葉、値段の安さで、ある業者を選んでしまい、大変なこと（最初の話と違う、返信が超遅い、物事が進まないなど、予定納期を過ぎても完成しない）になっています。少し高くても、知り合いから紹介された業者を選んでいれば、こんなことにはなっていなかったはずです。

どちらから買う？

有機ELテレビ
- A量販店 26万円
- B量販店 25万円

新車プリウス
- 少し知り合いの営業 310万円
- 知らない営業 300万円

住宅
- 友人の紹介A工務店 4000万円
- 対応よくないB工務店 3900万円

値段が高くなればなるほど、値段以外の要素も関係してくる

| 個人 | 法人 | ルート | 新規 | 有形 | 無形 |

第2章　信頼関係を構築するためのトーク

013

1日 Theme

自己開示をして関係を深める（ジョハリの窓）

　営業初心者の頃、大先輩のオジサン営業に、「商品を売るのではなく自分を売れ！」とよく言われました。まずは、自分を知ってもらい、相手に信頼してもらうことが大切だよという意味になります。

　法人営業は、長い付き合いをすることが多いので、相手に信頼されることはとても大切です。

　個人向け営業は、法人営業ほど回数を重ねて商談しないことや、1回だけの取引で終わることもありますが、信用された方が、いいに決まっています。

　信頼されるには、まず、相手との距離を縮めることです。まずは、お互いのことをよく知ることです。そのためには、自分が自己開示をして、相手に自分のことを知ってもらいます。

　相手から、フィードバックをもらい、自分がどう思われているかを自分で知ることも必要です。お互いに知っている領域が広ければ広いほど、関係がよくなります。

> ジョハリの窓とは、自分をどのように開示、隠すかという、他者とのコミュニケーションの円滑な進め方を考えるために提案された心理モデル

	自分は知っている	自分は気づいていない
他人は知っている	**開放の窓** 自分も他人も知っている	**盲点の窓** 自分は気づいていないが他人は知っている
他人は気づいていない	**秘密の窓** 自分は知っているが他人は気づいていない	**未知の窓** 誰からも知られていない

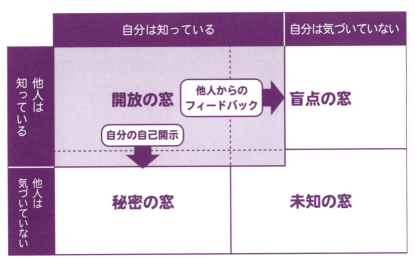

開放の窓を大きくすればするほど、人間関係は深くなる

自分から自己開示をして、他人からのフィードバックを受けて広くする

| 個人 | 法人 | ルート | 新規 | 有形 | 無形 |

第2章 信頼関係を構築するためのトーク

014 ①Theme日

共通点を見つけて距離を近づける

　共通点がある人は、何となくでも親しみを感じませんでしょうか。同じ地元出身の人や趣味が同じ人に会うと、すごく身近に感じます。タクシーに乗ると、名前と趣味が書いてあることが増えました。そこで、私と同じ趣味、例えば、「読書」「将棋」「スポーツ観戦」などと書いてあると、つい、私の方から話しかけてしまいます。中日ドラゴンズの話になると、大盛り上がりです。

　営業系の仕事をしている人に会うと、勝手に仲間になったような気がしてしまいます。このように、共通点がある人とは、親しみを感じるということです。

　まず、お互いの共通点は何かを見つける努力をしましょう。出身地、趣味、仕事、スポーツ、学校、職種、前職など、会話をしながら探っていくことです。全く同じものが見つかればベストですが、近い共通点でも、効果があります。

> 類似性の法則とは、共通点が多い人とは、親近感を持ちやすいという心理法則

共通点の見つけ方

❶広く捉える

名古屋市　　愛知県　　東海地方

海外で出会えば、日本人というだけで共通点になる

❷ピッタリ同じものでなくていい

 ≒ **頭脳を使う**

将棋　　　囲碁

個人向け営業 ≒ 法人向け営業　**営業経験者**

読売ジャイアンツ好き ≒ 阪神タイガース好き　**野球好き**

| 個人 | 法人 | ルート | 新規 | 有形 | 無形 |

015

Theme ①日

雑談の基本トーク

第2章

信頼関係を構築するためのトーク

　雑談とは何でしょうか？

　雑談とは、「とりとめのない話」「世間話」「どうでもいい話」と言いかえることができます。「そのような無駄話は、営業パーソンに必要なの？」と思われた方がいるかもしれません。できる営業パーソンを分析してきましたが、みなさん、雑談が上手いのです。

　営業パーソンは、上手く説明をして買ってもらうことではなく、相手の話を聞き、相手の困っていることを解決するための商品やサービスを提案するのが仕事です。

　相手の困りごとを知るには、会話の中からしか生まれません。その会話のきっかけを作るのが、雑談なのです。雑談で、仕事以外の側面を知る（ジョハリの窓 40ページ）ことができれば、お互いに信頼関係を構築することにも役立ちます。

　雑談がいらないとしたら、取引先を1日に20件ほど訪問して「何かありますか？」と聞いて回る御用聞き営業（1日の訪問件数が多く雑談をする余裕がない）、忙しい現場監督に用件だけ話をする営業（相手が雑談をしている暇がないらしい）、ひたすら電話をかけまくる新規電話営業（雑談に応対してくれない）くらいではないでしょうか。

挨拶は自分からする

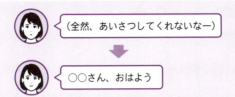

挨拶のあとにプラスひと言つけ加える

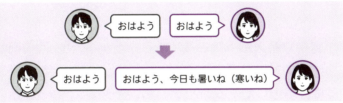

自分のことを話した後に質問した方がスムーズ

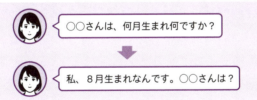

真面目な話をしようとしない

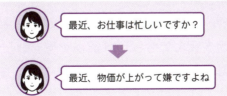

個人　法人　ルート　新規　有形　無形

第2章 信頼関係を構築するためのトーク

016 ①Theme 日

最低３回は会う理由を作る

　私が営業の新人だったころ、ある先輩から、「１回の商談ですべてを出すのではなく、小出しにした方がいい」と教わりました。要するに、小出しにすることで、次に会う理由が作れるからです。現代の営業では、生産性が悪いと言われるかもしれませんが、たくさん会う機会を作るという点では、面白いアイデアです。

　法人営業では、商品やサービスを売る前に、お客様との信頼関係を作らなければなりません。信頼関係を作るためには、会う回数は多い方がいいに決まっています。多くの皆さんが苦労しているのは、何度も会うためのネタがないということです。

　昔は、「次回は書類を届ける」「カタログを持参する」などができましたが、今は、データで送れる時代になってしまいました。遠方のお客様とは、オンラインを使ったミーティングで済んでしまいます。日々、業務で忙しいので、大した用事でもないのに、いちいちアポを取らないで欲しいと言われるお客様もいます。

　そんな時代だからこそ、人と会う必要性が見直されてきました。「展示ルームに足を運んでもらう」「実物を見てもらう」「直接デモをする」「簡単なことを除き、電話やメールで済まさず、短時間でも顔を出す」などの工夫は必要です。

会う理由を作る会話

新製品の紹介

展示会やイベントに招待する

| 個人 | 法人 | ルート | 新規 | 有形 | 無形 |

第2章
信頼関係を構築するためのトーク

017

1 Theme 日

人の話を聴くスキル

　営業という仕事は、「商品やサービスを売りこむこと」「相手を説得すること」「話が上手いこと」が条件だと思っている人が多いです。確かに、実力主義の営業、テレアポなど、新規開拓が中心の営業では重要視されるかもしれません。経済成長していない今の日本では、正直、今ある商品を一方的にアピールするだけでは、売れないです。

　では、どうするか。**それは、お客様が要望する商品やサービスを提案するのです。そのためには、お客様の話を聞かなければなりません。**「何に困っていて」「どうしたいのか？」は、お客様から聞き出すしかないのです。その答えは、お客様しか持っていません。売る側の人には、決して分からないのです。

　私が営業指導するときは、「聞く」ことの重要性をいつも伝えています。興味がない相手に対して、どれだけ一生懸命、商品やサービスの説明をしても、購入してもらえる可能性は低いのです。さらには、相手の信頼関係を構築するにも、話を聞くスキルは重宝します。

　まずは、人の話を聞くスキルを身につけましょう。

聞くスキル

言葉のくり返し

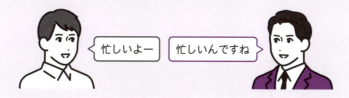

接続語

沈黙

| 個人 | 法人 | ルート | 新規 | 有形 | 無形 |

第2章

信頼関係を構築するためのトーク

018 ①Theme 日

相手の話を繰り返すスキル 4パターン

　人と会話をしていく中で、言葉を繰り返すことは、とても大切です。慣れた相手であれば、お互いに雰囲気で感じ取ることができるかもしれませんが、そうでなければ、言葉を発した側と受け取った側の意味がズレていることは、よく起こります。なるべく、このズレを解消しながら、話を進めていく必要があります。

　日常の会話では、わざわざ相手の言葉を繰り返すのは面倒に感じるかもしれません。ただ、いくら友達であっても、大切な会話をしているときは、何度も繰り返して確認しているのではないでしょうか。

　言葉を繰り返すことは、「あなたの話をきちんと聞いていますよ」「大事な点を確認させてください」という2つの意味があります。

　営業パーソンの場合、後者は自然に使うことが多いですが、前者は意識しないと使いません。相手に対して、「共感している」「話を聞いている」ことを伝えることで、信頼関係を構築し、よりスムーズな会話を行うことができるようになるのです。4つのパターンがありますので、意識しておいてください。

50

感情を返すパターン（一番効果あり）

 繁忙期で忙しくて、なかなか疲れが取れず、しんどいです

疲れが取れないと、しんどいんですよね

感情に共感してもらえるのが嬉しい

事実（困っている方）を返すパターン

 繁忙期で忙しくて、なかなか疲れが取れず、しんどいです

忙しいと、なかなか疲れが取れないですよね

こちらでも共感できています

事実（事実）を返すパターン

 繁忙期で忙しくて、なかなか疲れが取れず、しんどいです

繁忙期で、忙しいんですね

素っ気ない印象をあたえることも

全体を返すパターン

 繁忙期で忙しくて、なかなか疲れが取れず、しんどいです

繁忙期で忙しいと、疲れが取れないからしんどいですよね

どうしても、長くなってしまう

51

個人　法人　ルート　新規　有形　無形

019 ①Theme 日

相手の話の腰を折らない返し方

第2章
信頼関係を構築するためのトーク

　話をしている中で、つい、余計なことを言ってしまったり、相手が中心の話題を自分に置き換えてしまったりすることがあります。

**　売れる営業パーソンでコミュニケーションが間違った方向にずれる人は少ないのですが、営業研修や、営業コンサルなどで売れない営業パーソンを見ていると、たいてい、相手の話を遮ります。**遮ったことに気づいていればいいのですが、ほとんどの営業パーソンは、遮ったことに気がついていません。このような営業活動をしていては、上手くいくはずがありませんよね。

　自分の立場が強い場合、自分の知識に自信がある場合、プライドが高い場合、あまりにも相手との関係が近い場合などに起こりえます。

　例えば、相手がお子様を連れて遊びに行って楽しかった話をしていたのですが、途中から、自分の子供を連れて行って楽しかった場所の話に変わっており、話を聞くのが自分から、相手に変わってしまうことがあります。主語が「相手」から「自分」に変わってしまっているのです。気をつけましょう。

52

よくある会話の例1（知ったかぶりをしてしまう）

 お客様：双子が生まれたんですよ

 営業：おめでとうございます！一気に二人ですね

 これから大変そうです！

 年子の方が、双子より大変らしいですよ

 （心の中でつぶやく：あなた、両方育てたんですか？）

よくある会話の例2（自分の話にすり変えてしまう）

 お客様：今年、息子が受験生（高校受験）で大変なんですよ

 営業：それは大変ですね。親も心配ですよね

 第一希望の高校に入れるといいのですが

 それだったら、○○塾に入れるといいですよ。うちも通っていて成果がありました

 どんな塾なんですか？教えてください！

 ○○塾で、苦手科目克服にピッタリでした

個人　法人　ルート　新規　有形　無形

020

1 Theme 日

社内で当たり前の
専門用語は使わない

第2章

信頼関係を構築するためのトーク

　みなさんの働く会社、業界で、専門用語があります。これを当たり前のように、連発している営業パーソンを見かけます。個人向けの営業では、絶対に避けるべきでしょう。例えば、生命保険を売っているとします。終身保険、医療保険、介護特約、貯蓄保険などは、知識がなくても何となく分かるかもしれませんが、約款、リビング・ニーズ特約、解約返戻金などを、一生懸命説明されても困ってしまいます。

　法人向けの営業の場合、お客様も業界に詳しいケースが多く、専門用語が通じるケースもありますが、これは大企業だけで、中小零細企業では、通じないと思っておいた方がいいです。例えば、自分がIT業界なら、難解な用語が多いので、かみ砕いて説明する必要があるでしょう。ホームページ業者がワードプレス（ホームページを作るシステム）と連発しても、お客様は、ホームページが出来上がればいいだけなのです。

　ただ、売り先企業の専門用語には慣れる必要があります。例えば、トヨタ系では、カンバン（納期）という言葉が連発します。お客様に指摘されるまで、コンビニなどの看板のことだと思っていました。

専門用語の言いかえ例

出版業界

いつ脱稿できますか？

いつ原稿を提出できますか？

会議やセミナーなど

アジェンダを用意しております

本日の予定表（であるアジェンダ）を用意しております

Webマーケティング業界など

PVが少ないですね

Webページが表示された回数が少ないですね

分かりやすいように、簡単な専門用語にしております

| 個人 | 法人 | ルート | 新規 | 有形 | 無形 |

021

1 Theme 日

声のトーンを
合わせるスキル

　話すテンポ、話すスピード、声の高低、声の大小などを意識して会話をしたことがありますか？

　多くの人は、話す会話の内容を意識しますが、声のトーンまで考えて話す人は稀です。**仲が良い、雰囲気が良い場合は、自然と声のトーンが合っています。逆に、苦手な相手、初めての相手、雰囲気が悪い場合は、声のトーンが合っていません。人との会話で、声のトーンを合わせることは、とても重要です。**

　基本的には、相手の話すスピードが速い場合は、自分の話すスピードも速めにします。相手の声が大きい場合には、自分の声も大きくします。ピッタリ合わせる必要はなく、いつもより、声のトーンを相手に近づけることができればＯＫです。

　自分は声が小さいから仕方ないとか、自分は声が大きいから仕方ないと言い訳する人がいますが、仕方ないから工夫しないのと、仕方ないけどなるべく工夫するのでは、いずれ、大きな差になって現れます。声が小さければ、ボイトレに通うなど方法がありますし、声が大きければ、少しボリュームを下げれば済むことです。営業のトークを磨くのも大切ですが、このような細かいことに気を配ることも、同じくらい大切なのです。

声のトーンを合わせる

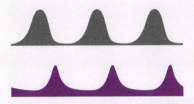 リズムを合わせる

 テンポを合わせる

 スピードを合わせる

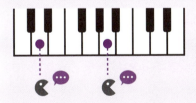 声の高低を合わせる

 声の大小を合わせる

第2章 信頼関係を構築するためのトーク

`個人` `法人` `ルート` `新規` `有形` `無形`

022

初期段階では「買ってください」と言わない

　営業パーソンの最終目的は、**お客様に商品を買っていただくことですが、即決してもらうのが目的ではありません。**

　個人向け営業では、お客様から興味があって問い合わせをしてきた場合など、少し強気で営業をかけることもあり、1回の商談で決まることがあります。この場合、お客様は、買うこと、契約することが前提での問い合わせであり、お客様側ですでに調べてきています。多くは、数回の商談を重ねることが多いです。

　法人向け営業では、時間をかけて商談を重ね、半年後、1年後に商談が決まることは、珍しくありません。普段から取引があり、リピートされる低額商品の場合は、1回の商談で決まることがありますが、それ以外では、1回で決まることは、ほとんどありません。

　個人向け営業は、商談回数少なめ、法人向け営業は商談回数多めという違いはありますが、1回だけで決めようとする方が難しいです。

　これらのことから、1回お会いしただけのお客様に、「買ってください！」という言葉は、あまり使わない方が得策です。

お客様と営業の関係

1回目

営業　　　　　　　　お客様

法人では、初めから買うと決めている場合を除き、
1回目で決まることはない

3回目

営業　　　　　　　　お客様

やっと商品やサービスの話ができる
（個人向けやルート営業ではここで決まる事がある）

7回目

営業　　　　　　　　お客様

本気で考えてもらえる
（新規営業や提案営業では、これ位の回数が必要）

コラム 2

仕事は
コミュニケーションだと知る

　大学で理系学部（情報系）を出たこともあり、当初は、ITエンジニアとして働いていました。ITエンジニアと言っても、メインの仕事は、不良が起こったときに現地に出向いてその場で修理対応をするフィールドエンジニアです。基本的に、故障している状態のため、お客様は怒っています。マイナスからのスタートです。この業界、ITに詳しい人がたくさんおり、自分よりITスキルは優れています。

　恥ずかしながら、故障したものを修理する技術は、3流でした。他の同僚が1時間で直すところ、私は、上司に確認しながら進めるので、2時間以上かかることもありました。

　不思議なことに、時間がかからない同僚の方がよく怒られ、時間がかかる私は、1度も怒られたことがありません。同僚は、技術がある分、サーバー室に入りっぱなしで、お客様への報連相が全くないため、いつ終わるのか不安になっているようでした。

　私は、すぐに直せないことが分かっているので、お客様へのだいたいの修理時間、目処が付いたら連絡するので、この場にいなくていい旨を伝えて、安心させていました。

　ITシステムは、お客様にとって詳細は分かりません。早く終わったのか、遅かったのかなんて区別がつかないのです。お客様は、いつ終わり、自分は立ち合いをせず他の業務をしていいのかどうかが気になるのです。

第3章

人のタイプ別に
効果を発揮するトーク

最新の車、すごくデザインがよくスタイリッシュなんですよ

へー、なるほど

前モデルに比べ、○○％室内音が軽減されます。ハイブリッドは、さらに○○％静かです

いいですねー。めっちゃ気になります

| 個人 | 法人 | ルート | 新規 | 有形 | 無形 |

023

**人の優位感覚を
見極める**

第3章
人のタイプ別に効果を発揮するトーク

　人の優位感覚には、視覚優位（V）、聴覚優位（A）、体感覚優位（K）の3つがあると言われています。目で見た視覚からの情報に反応しやすいのが、視覚優位（V）です。耳から入る情報に反応しやすいのが聴覚優位（A）です。身体の感覚や味覚、嗅覚などに反応しやすいのが体感覚優位（K）です。相手の優位感覚に合わせて会話、プレゼン、説明をするのが、一番、相手に届きます。そのため、どの感覚が優位なのかを見極める必要があります。

　ですが、1、2回お会いした程度で、相手の優位感覚が分かるはずもありません。**そんなときは、視覚優位（V）、聴覚優位（A）、体感覚優位（K）のすべてを入れて説明するのです。**

　優位感覚の見分け方で一番イメージが付きやすいのが、すごく景色の良い露天風呂を思い浮かべ、そのときに何を感じるかです。

　露天風呂から見える景色が気になる人は、視覚優位（V）です。露天風呂の温泉が流れる音が気になる人は、聴覚優位（A）です。温泉の中で、ぬるぬる感など身体の感覚が気になる人は、体感覚優位（K）です。あくまで1つの見分け方ですが、参考になるのではないでしょうか。

テレビショッピングで掃除機を紹介するときは、すべての優位感覚を入れた素晴らしいトークになっています

トーク❶　視覚優位（V）に向けた会話

この掃除機を見てください。見た目がとてもスタイリッシュで、インテリアにピッタリです！

トーク❷　聴覚優位（A）に向けた会話

スイッチを入れてみましょう。音が静かです。これなら夜にも使えますね！

トーク❸　体感覚優位（K）に向けた会話

実際に持ってみると、とても軽く、女性でも扱いやすいです！

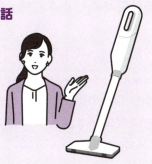

個人　法人　ルート　新規　有形　無形

024

Theme 1 日

視覚優位（V）の人への
トーク

第3章
人のタイプ別に効果を発揮するトーク

　電車や地下鉄の路線図が、白黒でなくカラーなのは、何線かを分かりやすくするためです。白黒テレビよりカラーテレビ、黒一色の印刷より、カラー印刷の書類の方が見やすいです。色というのは、見やすくする効果が抜群に高いです。

　視覚優位（V）の人は、企業研修に参加した人を見ていると、１０人いたら、６〜７人はいる感じです。これだけ多くの人がいる視覚優位であるため、絵、図、カラー、動画などにすることで、営業成果アップにつながっているというのは間違いありません。

　このタイプの人は、外見、デザイン、色など、見た目を重視する傾向があります。個人向けの商品であれば、デザインや色について触れるのは必須です。

　法人向け商品であれば、デザインや色よりも、どれだけ便利になるか、時短になるかなどの視点が含まれるため、必ずしもデザインや色ではありませんが、商品があれば見た目をまず見せることは重要です。

　特徴として、イメージ、絵、色にこだわり、表現がおおざっぱな人が多いかもしれません。

視覚優位（V）の人との会話

営業

最新の車、すごくデザインがよくスタイリッシュなんですよ

ヘー、なるほど

お客様

実際に試乗してみますか？

まず、デザインを見せてください

⚠ 試乗の前に見た目

最新の車、すごくデザインがよくスタイリッシュなんですよ

ヘー、なるほど

色のバリエーションを実際に実物でお見せします

いいですねー。ぜひ、お願いします

💡 見た目に反応している。なるべく、見せる

| 個人 | 法人 | ルート | 新規 | 有形 | 無形 |

025 ①Theme 日

聴覚優位（A）の人への
トーク

聴覚優位（A）の人は、とにかく音に敏感です。一般的な人なら気にしない音が聞こえてきます。例えば、スタバやドトールのような隣との間隔が狭いカフェでは、２～３つ向こうの声が聞こえたり、カフェでのパソコンタイピング音がすごく不快に感じたりします。

実は、私はこのタイプです。車のタイヤ、扇風機、エアコンなどを買う指標は、音が静かかどうかです。ワイヤレスイヤホンなどは、音がいいかどうかです。デザインや値段は二の次です。

企業研修でこのタイプの人に出会うのは、１５人に１人くらいでしょうか。人数としては多くはないので、軽視してしまいがちです。

このタイプの人と打ち合わせをするときは、絶対に、うるさいカフェではなく、人が近くにいない静かな打ち合わせルームを使用しましょう。営業パーソンの多くは、このタイプの人に対して「細かい」「面倒くさい」といいますが、このタイプの人が大きな利益をもたらすとしたら、考え方が変わるのではないでしょうか。

特徴としては、物事を深く追及し、論理的な会話、分析するのが得意な人が多いと感じます。

聴覚優位（A）の人との会話

営業

最新の車、すごくデザインがよくスタイリッシュなんですよ

へー、なるほど

お客様

3種類のカラーから選べます。デザインがいいと評判なんです

そうなんですか・・・

⚠ そんなに反応していない

最新の車、すごくデザインがよくスタイリッシュなんですよ

へー、なるほど

前モデルに比べ、○○％室内音が軽減されます。ハイブリッドは、さらに○○％静かです

いいですねー。めっちゃ気になります

💡 音に反応している

| 個人 | 法人 | ルート | 新規 | 有形 | 無形 |

026

Theme 1日

体感覚優位（K）の人への
トーク

　体感覚優位（K）の人は、見た目や音よりも、自分の身体で感じ取る人が多いです。とにかく、見るだけではなく、触りたがります。

　果物でも、色を見るより手に持ってみる、美味しそうなスイーツでも見た目より味にこだわる感じでしょうか。服や靴でも、実際に試着したり、履いてみたりします。すべての人とは言いませんが、写真と説明だけで選ぶオンラインショッピングは苦手なようです。企業研修に参加した人を見ていると、10人いたら、3人くらいです。

　形がある有形商材であれば、実物を触ってもらえばいいのですが、無形商材の扱いが困ります。企業研修などですと、講師のプロフィールや経験以外に、実際に教えている姿を見たがります。

　採用面接では、実際に会って、自分の感覚で感じ取ることを重要視します。無料体験講座などを用意しておくと、安心するでしょう。

　このタイプの人は、感情語を使う、テンポがゆっくりという特徴があります。

体感覚優位（K）の人との会話

営業

最新の車、すごくデザインがよくスタイリッシュなんですよ

へー、なるほど

お客様

３種類のカラーから選べます。デザインがいいと評判なんです

そうなんですね

⚠️ 見た目には興味ない感じ

⬇

最新の車、すごくデザインがよくスタイリッシュなんですよ

へー、なるほど

乗り心地がいいですよ。実際に試乗してみますか？

ぜひ、お願いします

💡 実際に体験したい

個人　法人　ルート　新規　有形　無形

第3章

人のタイプ別に効果を発揮するトーク

027

① Theme 日

ソーシャルスタイルの 4つのタイプで見極める

　ソーシャルスタイルとは、1968年にアメリカの産業心理学者であるデビッド・メリル氏が提唱したコミュニケーションの理論です。**人の言動を4つのスタイルに分けて、ものの言い方や感情表現の傾向を組み合わせたものです。4つのスタイルには、ドライビング（Driving）、エクスプレッシブ（Expressive）、エミアブル（Amiable）、アナリティカル（Analytical）があります。**

　創業者はドライビング、エンジニアはアナリティカル、営業はエクスプレッシブ、事務はエミアブルなど職種に応じた傾向はありますが、それ以外もたくさんいます。私の知り合いにも簡易テストをしましたが、実は、このタイプだろうと思っていた人が、違うタイプだったことも多々ありました。普段からよく会う人が、○○タイプだろうという予測はできますが、あくまで予測であることを理解しておいてください。

　営業で相手を知り、攻略方法を考えることにも使えますが、部下を知り的確な指示やフィードを伝えること、1on1をどうやって進めるのかが分かるため、知っておいて損はありません。

　タイプ別に伝え方を変えると、伝わり方、その後の行動が全く違ってきます。非常にオススメなタイプ分けです。

ソーシャルスタイルのタイプ別特徴

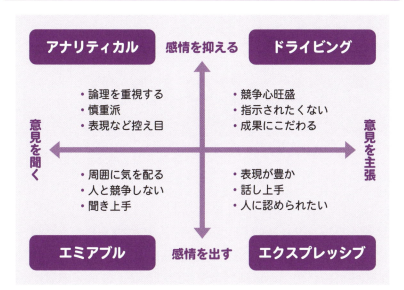

ソーシャルスタイルのタイプ別特徴

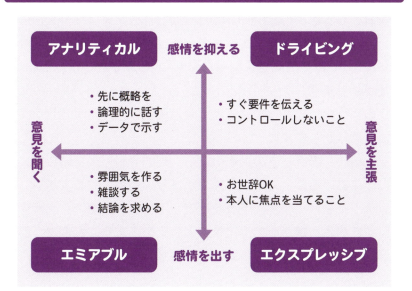

`個人` `法人` `ルート` `新規` `有形` `無形`

028

ドライビングの人へのトーク

第3章 人のタイプ別に効果を発揮するトーク

　ソーシャルスタイルの「ドライビング」の特性を持った人は、簡単に表すと、「せっかちでさっさと結論を言って欲しいタイプ」です。短気で扱いにくい反面、決断が早いので、５分で商談が決まってしまうことが多々あります。言い方が、キツイときがあるので、嫌う人もいます。ある意味、白黒がハッキリしていて分かりやすいです。裏表がありません。実は、私はこのタイプです。

　特徴としては、「人からの指示が嫌い」「起業家、リーダーに多い」「行動的、野心的」「エネルギッシュ」「決断力がある」「ペースが速い」「自分の弱さを見せない」「人をなかなか信頼しない」などがあります。

　このような特徴を見ていると、会社員より、起業家の方が向いている感じがしますね。

　部下に、このタイプの人がいたら、規則やルールで縛らず、自由にしてあげることです。行動力があり、約束を守る人が多いので、ほっておけば勝手に予算を達成してきます。逆に、進捗管理をしすぎると、嫌がって反抗する人も出てきます。お客様、部下など、このタイプの人の扱い方には注意しましょう。

ドライビングの人との会話

営業

最近、調子はどうですか？

（そんな話はいいんだけど）まあまあじゃないでしょうか
お客様

業績がいいなんてうらやましいです。どこが良かったんですか？

（早く結論を言えよ）それよりも、今日は何かあったんですよね

実は、ご相談したいことがありまして

⚠ 雑談で、すでにイライラしている

早速ですが、ご相談したいことがあります

何かあった？

□□を考えており、○○会社が知り合いとお聞きしたので、お引き合わせをお願いしたいと思いまして

いいよ、ちょっと待って
（商談中に電話する）

○日なら空いているらしいけど、どうする？

ぜひ、その時間にお願いします

💡 ストレートに要求をすると早い

| 個人 | 法人 | ルート | 新規 | 有形 | 無形 |

第3章 人のタイプ別に効果を発揮するトーク

029

1 Theme **日**

エクスプレッシブの人への
トーク

　ソーシャルスタイルの「エクスプレッシブ」の特性を持った人
は、簡単に表すと、「ノリと勢いで場を盛り上げるタイプ」です。
学生時代を思い出すと、どこのクラスにも1人はいたような気が
します。

　学校で生徒会長になる人も多いです。飲み会やイベントでは、
その場を大いに盛り上げます。営業では、お客様にどんどん話し
かけ、お客様を気持ちよくするタイプのため、好印象を持たれて
いる人が多いです。これは、営業職にピッタリの特徴ですね。1
つだけ言えることは、常に、自分が注目され中心でありたいため、
このタイプの人を主語にすることです。

　**特徴としては、「注目されることが好き」「誰かの二番煎じが嫌
い」「新しい仕事に挑戦する」「人の話を聞かない」「飽きっぽい」
「社交的でオープン」「事を仕切ることが得意」などがあります。**お
だてると木に登るタイプなので、扱いやすいです。

　部下にこのタイプの人がいたら、明るく元気がいいので、イベ
ントごとや、メインのお客様を任せるといいでしょう。常に、褒
めて、褒めて、調子に乗せることで、実力を発揮するようになり
ます。上司が、あれやこれやダメ出しをしないことです。

エクスプレッシブの人との会話

営業:「休みの日は何をされているんですか？」

お客様:「子どもを公園に連れて行っていますよ」

「へー、子どもさん、喜ぶでしょうね」

「そうなんですかね」

「きっとそうですよ」

⚠ **主語が本人ではない**

↓

「休みの日は何をされているんですか？」

「子どもを公園に連れて行っていますよ」

「○○さん、家族サービス素晴らしいです」

「そうでもないですよ」

「私は休日寝ているだけですから、尊敬します！」

💡 **主語が本人になっている**

| 個人 | 法人 | ルート | 新規 | 有形 | 無形 |

030

第3章

人のタイプ別に効果を発揮するトーク

エミアブルの人へのトーク

　ソーシャルスタイルの「エミアブル」の特性を持った人は、簡単に表すと、「すごくいい人」です。人の話を親身になって聞きますし、周囲に気を使うため、とても重宝されます。目立とうとせず、表裏もない感じです。とにかく話を聞いてくれますので、心が癒される感じですね。

　このタイプの人は、決断力がないため、いつになっても、商談などが進んでいないなんてことがよくあります。営業側としては成約できる案件だと思っていても、実は、成約できる案件ではなかったということが起こりがちです。

　特徴としては、「いい人」「周囲の人の気持ちに敏感」「人を援助することを好む」「職場では協調性が高い」「決断に時間がかかる」「リスクを冒すのは苦手」「ノーと言えない」などがあります。

　部下にこのタイプがいたら、任せたプロジェクト、任せた商談など、逐一、上司が確認しましょう。メンバーやお客様とやり取りをしていても、途中で止まっていることも多いです。

　決断力がないというより、決断しない人が多いので、すべてを任せてはいけません。

エミアブルの人との会話

営業

先日の○○の件、3カ月経過しています。そろそろ最終回答を聞かせてください

社内で検討しておりますので、もう少しお待ちください

お客様

こちらから、上司の方に説明しましょうか？

大丈夫です。私から伝えますので

⚠ いつまで経ってもハッキリしない。数カ月待った後、断られたりする

先日の○○の件、3カ月経過しています。そろそろ最終回答を聞かせてください

社内で検討しておりますので、もう少しお待ちください

もう、3カ月も経っています。これ以上、準備したまま待つわけにはいかないので、今、上司の方を呼んでいただけませんか？

（しぶしぶ呼んでくる）

💡 強制的に回答を出させないと時間を無駄にすることがある

| 個人 | 法人 | ルート | 新規 | 有形 | 無形 |

031

Theme 1日

アナリティカルの人への
トーク

第3章　人のタイプ別に効果を発揮するトーク

　ソーシャルスタイルの「アナリティカル」の特性を持った人は、簡単に表すと、「分析派であいまいを嫌うタイプ」です。エンジニア、サービス・メカニック、理系出身に多いタイプです。

　とにかく、論理的に物事を考え、データや根拠がないものを認めません。ノリと勢いが売りの営業パーソンは、このタイプが苦手なようです。

　特徴としては、「分析することが大好き」「客観的、冷静」「失敗や間違いを嫌う」「粘り強く、最後までやり遂げる」「堅実で優れた仕事をする」「自分のことをあまり話さない」「大人数は苦手」などがあります。営業には向いていなさそうな特徴ですが、ある実力主義の営業パーソンが集まる講演会で、このタイプの営業パーソンがたくさんいて、驚いたことがあります。

　このタイプの人を部下に持った場合、動いてもらうことが先決になります。順番に説明できるような説明ファイルを用意してあげると、そのまま説明してきます。「とにかく訪問してこい！」という精神論ではなく、「この通り説明してきて！」と道を作ってあげるのです。自分から動くタイプではありません。

アナリティカルの人との会話

営業

一通り説明してきましたが、いかがでしょうか？

○○で採用されているなど、実績を示して欲しいです

お客様

これは3社で、こちらは2社採用されています

もう少し、具体的に教えていただけませんか？

分かりました

⚠ あいまいなデータを嫌う

一通り説明してきましたが、いかがでしょうか？

○○で採用されているなど、実績を示して欲しいです

これは上場企業のA社、こちらは大手企業のB社で採用があります

大手でも採用実績があるんですね。上司に伝えます

よろしくお願いいたします

💡 きちんとしたデータで示す

| 個人 | 法人 | ルート | 新規 | 有形 | 無形 |

032

Theme 1日

権威、やりがい、お金の3タイプで見極める

第3章

人のタイプ別に効果を発揮するトーク

　ここでは、3つのタイプ分類についてお伝えします。**部下の指導に対して、このタイプを使い分けることで、より効果的なアドバイスができるようになります。**

　すぐに見分けるのは難しいですが、「権威」の話、例えば、「有名人」「著名人」「著者」「社長」「難関資格」「難関大学」などがよく出てくる人は、「権威」に反応しやすいと推測できます。

　「やりがい」の話、例えば、「好きなこと」「生きがい」「成長」「天職」「楽しさ」などがよく出てくる人は、「やりがい」に反応しやすいと推測できます。

　「お金」の話、例えば、「給料」「ボーナス」「成果」「金持ち」「年収」などがよく出てくる人は、「お金」に反応しやすいと推測できます。1つだけではなく、2つ入ることも多いです。

　ちなみに私は、「権威」が強いようです。そのため、人からすごい人と思われるとうれしいのです。「社長」になり、「著者」になり、「講師」になり、「Twitterフォロワー1万人以上」になり、自分では意識していないつもりでしたが、いつの間にか、その方向を目指していました。「やりがい」の要素もあり、お金よりも、つい、やりがいを求めてしまうので、商売は下手なのかもしれませんね。

80

3タイプの特徴

権威のある人

- 大学教授
- テレビに出ている人
- 有名人
- 会社の社長
- 著者
- 医師
- 弁護士
- 有名大卒 など

やりがいを持つ人

- 好きなこと
- 生きがい
- 成長
- 天職
- 楽しい
- 充実感 など

お金がたくさんある人

- 年収
- ボーナス
- 金持ち
- 給料
- 成果
- 投資
- 運用 など

個人　法人　ルート　新規　有形　無形

033

権威に反応する人への
トーク

　権威に対して弱い人がいます。
　このタイプの人がお客様だった場合、なかなか商談が決まらないときは、上司同行で訪問してみましょう。急に相手の反応が良くなったり、対応が変わったりします。クレームが起きたときは、どれだけ誠意を示しても解決しないのに、責任者がひとこと謝るだけで、急にその場が収まることがあります。
　部下では、肩書が付くだけで、急にやる気になる人がいます。このタイプの人にとって、肩書、地位というのは、かなり需要な役割を担うようです。
　芸能人、会社の社長、本の著者、著名人、大学教授、超大企業の社員、有名大学卒など、このような肩書を持った人に会うだけで、態度が一変します。社長という肩書にあこがれて独立する人は、たいてい、このタイプです。
　肩書が好きな人には、肩書で対応するしかありません。この原則が分かっていれば、いろいろとやりやすくなります。商品を販売するときに、大学教授の推薦をもらうとか、著名人に一筆もらうだけで、反応率が変わるのです。ビジネス書や通信販売ではよく行われています。少し高めの個人向け商品で効果を発揮します。

権威に反応する人との会話

担当者

今回、不手際がありまして申し訳ありません

あなたではなくて、責任者を出してよ

お客様

私の方で対応させていただきます

話になりません

⚠ 無理に担当者が頑張る必要がない

今回、不手際がありまして申し訳ありません

あなたではなくて、責任者を出してよ

店長の○○と申します。この度は、大変申し訳ありませんでした

店長

店長さんが謝るなら仕方ないけど

💡 権力がある人に弱い

| 個人 | 法人 | ルート | 新規 | 有形 | 無形 |

第3章

人のタイプ別に効果を発揮するトーク

034 ①Theme 日

やりがいに反応する人への
トーク

　お金にも権力にも反応せず、自分のやりがいを求める人です。

　クレームがあったときは、責任者が出て行って謝っても、弁償をしてお金を払ってもダメで、誠意を見せないと納得してもらえないタイプです。

　このようなタイプの人は、目に見える肩書やお金に反応しないため、非常に扱いにくいかもしれません。とにかく、誠意と誠意でぶつかるしかありません。これが、人間が本来持っている姿なのかもしれませんね。

　好きな仕事、やりがいのある仕事で独立する人は、このタイプです。非常に商売下手です。お人好しのため、知り合いから簡単な作業を頼まれたら、「タダでいいよ」とお金を取ることをせず、信頼を作ろうとします。

　濃いファンの人がいて、その人がずっとリピートをしてくれています。起業家仲間を見ていると、あまりお金を稼げていませんが、信用力が高いため、困ったことがあると周りが助けてくれます。これが、人徳なんだろうなといつも感心してしまいます。仕事、お金などは人を通じてやってきますからね。

やりがいに反応する人との会話

担当者

今回、不手際がありまして申し訳ありません

お客様

どうしてくれるの？

申し訳ありません。責任者を呼んでまいります

偉い人はどうでもいいから

⚠ **責任者では反応しない**

⬇

今回、不手際がありまして申し訳ありません

どうしてくれるの？

（一生懸命）すぐに交換させていただき、自宅まで持参いたします

なんか申し訳ないですね

 誠意に対して弱い

| 個人 | 法人 | ルート | 新規 | 有形 | 無形 |

第3章

人のタイプ別に効果を発揮するトーク

035

お金に反応する人への トーク

お金があれば、何でも解決できると思っている人です。

少しでも給料が高い会社に入りたがりますし、「稼げる！」という文言につられる人も多いです。買い物をするとき、値引き幅が大きければ大きいほど喜びます。やりがいとか肩書ではありません。**とにかく、このタイプの人が満足を得るには、お金に絡ませることが必要なのです。**とにかく、「高い」「安い」とか、「年収は？」「年商は？」とか、「割に合う」「割に合わない」など、お金の話ばかりが出てきます。

たくさん稼ぎたいと考え独立する人は、このタイプです。ちょっとした簡単な仕事でも、サービスをしたり、無料にしたりせず、きちんと対価をいただきます。

これが本来の商売の姿なんでしょう。起業家仲間を見ていても、とても商売が上手だなと感じます。本来は、対価はきちんといただくべきですが、そのようにできない人は、結構多いです。

クレームが起こったときは、誠意を見せても、責任者を連れて来てもダメで、時間や気持ちで損した分、お金でケリをつけたいと思うようです。

お金に反応する人との会話

担当者

今回、不手際がありまして申し訳ありません

お客様

どうしてくれるの？

申し訳ありません。責任者を呼んでまいります

偉い人はどうでもいいから

⚠ 責任者では反応しない

今回、不手際がありまして申し訳ありません

どうしてくれるの？

迷惑料として、次回使える割引券を発行します。その上で、すぐに商品を交換いたします

分かりました

💡 お金で解決したい

コラム 3

人を見極める
大切さを知る

　お客様の中には、すごくいい人で、何でも親身になって話を聞いてくれる人がいます。ソーシャルスタイルでいうエミアブルの人ですが、商談を決めたいときには要注意です。

　会社員時代、転職して仕事に慣れない頃、よく話を聞いていただきました。親切なので、アポを断られることはありません。どうしても、仕事に慣れていない時、売上が上がらない時は、話しやすい人、いい人のところばかりに営業へ行く傾向があります。

　何度も何度も提案を持っていき、先方の上司にあげる前に、「あれやこれや」と指摘された部分を修正し続けました。３カ月経過しても、６カ月経過しても何の進展もありません。結局、１年通って何も進展がないので、私の方から「この案は採用される、採用されない、どっち？」と厳しく詰め寄りました。そうしたら、先方からの回答は「ごめん」でした。

　結局、このタイプの人は、親身になって話を聞いてくれるけれども、自分で決める決断力がありません。普段は、上司から指示された仕事をこなしています。どこかのタイミングで、上司に相談してくれればよかったのですが、おそらく、タイミングを逃したのでしょう。

　営業は、親身に話を聞いてくれる人が対象なのではなく、仕事をもらえる人を対象にしなければならないと気づいたのでした。

第4章

情報を
ヒアリングするためのトーク

このAというサービスに入りたいです

ありがとうございます。ちなみに、このサービスを選んだキッカケは何でしたか？

○○をするには、これがいいかなと思って

他にも用途はありますか？

△△もしたいと思っています

それでしたら、Bプランの方が合っているかもしれませんよ

個人　法人　ルート　新規　有形　無形

036 ①Theme 日

質問によって引き出す

第4章
情報をヒアリングするためのトーク

　私たちが普段、何気なくしている質問には、いくつかの規則性があります。営業研修などで受講生に聞いてみると、カウンセリングやコーチングについて習ったことがある人を除くと、規則性について知っている人は、ほとんどいないようです。

　営業パーソンであれば、必要な場面で必要な質問を使っていることでしょう。営業が上手くいっていない、会話が思ったより続かない、お客様とのやり取りで揉めるなどが続いている場合は、自分がよく使う質問を振り返ってみましょう。

　質問には、話を展開していく拡大質問、話を狭める限定質問や、話を横に広げていく水平質問、縦に深堀していく垂直質問があります。このパターンが会話の基本形になります。よく使いますので、理解しておきましょう。上司が部下に、講師が受講生に対して考えさせるような質問もあれば、もっと詳しく深堀したいときのために使う情報を得る質問があります。

　質問が自由自在に使えるようになると、個人向け、法人向けを問わず、商談がスムーズにいくようになるでしょう。この機会に、質問（問い）について考えてみましょう。

どこへ旅行に行きたいですか？

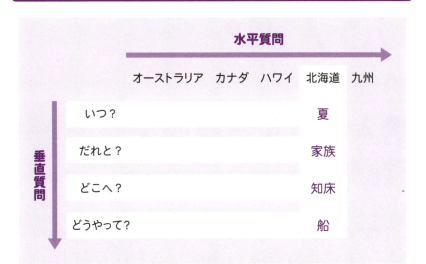

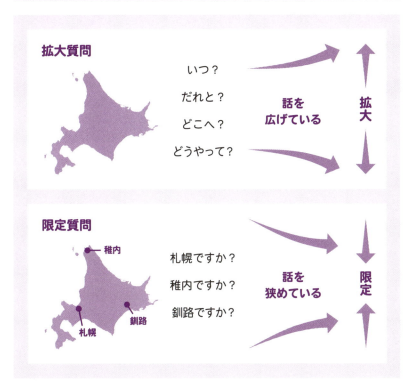

第4章 情報をヒアリングするためのトーク

`個人` `法人` `ルート` `新規` `有形` `無形`

037

お客様が購入検討する目的を確認する

　ごく普通の営業パーソンは、お客様の興味がある商品やサービスを、一生懸命、提案します。確かに、お客様が興味を持っている訳ですので、間違った案内ではありません。これだけなら、人ではなくロボットでもできそうです。

　お客様が、ピンポイントでその商品やサービスを求めていれば問題ありません。しかし、そこまでハッキリしていることは稀です。

　もしかしたら、お客様に合う商品やサービスが別にあるかもしれません。売る側の営業視点としては、もっと高い金額、もしくは、もっと利益率の高い商品やサービスが売れるかもしれません。 このような場合、営業パーソン、お客様、双方にとって痛手です。

　お客様が求めているから、そのまま提案するというのは、実は、いいことばかりではないということを覚えておいてください。特に、単価が高い商品やサービスの場合、ミスマッチが起こりやすいです。

　なぜ、この商品やサービスを購入しようと思ったのか？を、必ず、確認するようにしましょう。

92

購入する目的を確認する

 お客様

このAというサービスに入りたいです

 営業

ありがとうございます。では、お手続しますね

はい、よろしくお願いいたします

かしこまりました

⚠ これだけなら、誰でもできる

このAというサービスに入りたいです

ありがとうございます。ちなみに、このサービスを選んだキッカケは何でしたか？

○○をするには、これがいいかなと思って

他にも用途はありますか？

△△もしたいと思っています

それでしたら、Bプランの方が合っているかもしれませんよ

💡 水平質問で増やし、お互いのミスマッチを防ぐ

第4章 情報をヒアリングするためのトーク

`個人` `法人` `ルート` `新規` `有形` `無形`

038

話をいろいろ聞き出すための拡大質問

「拡大質問」とは、オープンクエスチョンと呼ばれており、「YES」「NO」で答えられない質問のことを指します。例えば、「今日の朝ごはん、何を食べましたか？」と聞くと、「パン」「ゆでたまご」などの回答が返ってきます。「YES」「NO」では、答えられません。

これが、拡大質問（オープンクエスチョン）です。5W1Hの「何を」「誰と」「いつ」「どこで」などを使って質問することが多いです。

雑談などで話を広げたい場合、お客様の今後の方針を聞き出したい場合、お客様がなぜ購入を検討しているかなどを聞き出す場合に、とてもピッタリの質問になります。とにかく、話の全体像を知りたいときに使う質問だと覚えておくといいでしょう。

慣れている人は、自然に使いこなしますが、「拡大質問（オープンクエスチョン）」「限定質問（クローズドクエスチョン）」を意識して使い分けている人は、少ないようです。

話が広がらない時は、「拡大質問（オープンクエスチョン）」ではなく、「限定質問（クローズドクエスチョン）」を使っていることが多いです。

拡大質問（オープンクエスチョン）

営業

お昼を食べすぎてしまいました

昼食休憩の後は、何だか集中できないですね

お客様

お昼を食べたせいですかね

そうかもしれないですね

ですよね

⚠ 会話が不自然で、話が広がらない

⬇

お昼を食べすぎてしまいました

昼食休憩の後は、何だか集中できないですね

ですよね。ちなみに、お昼は、何を食べたんですか？

食堂で、おろしハンバーグ定食を食べました

何だか美味しそうですね

💡 雑談などの話が広がります

第4章 情報をヒアリングするためのトーク

|個人| |法人| |ルート| |新規| |有形| |無形|

039

話を狭めるための限定質問

「限定質問」とは、クローズドクエスチョンと呼ばれており、「YES」「NO」で答えられる質問のことを指します。例えば、「今日、朝ごはんを食べましたか？」と聞くと、「はい」「いいえ」などの回答が返ってきます。「YES」「NO」でしか、答えられません。

拡大質問（オープンクエスチョン）のように、話が広がるわけではないので、使い道は限定されます。私がオススメする使い方は、念押しする場面です。価格、納期、書類の提出時期などを口約束で決めることがあります。価格は、あとから見積書を出すにしても、会話でやり取りした内容が反映されます。納期の場合、商品によっては文章でやり取りすることもありますが、口約束で決まることも多いです。

書類の提出時期は、ほとんどが口約束で決まるでしょう。そんなとき、限定質問（クローズドクエスチョン）を使って念押しするのです。

重要なのは、会話の最後で、相手に「はい」と言わせてから、会話を終了させることです。 相手が「はい」と言った会話は、相手も認めたことを覚えており、私の経験上「言った」「言わない」になりにくいです。

限定質問（クローズドクエスチョン）

営業

書類の提出時期は、いかがいたしましょうか？

今回の書類は、1週間くらいで提出をお願いします

お客様

はい、分かりました

お願いします

⚠ よくある会話だが・・・

書類の提出時期は、いかがいたしましょうか？

今回の書類は、1週間くらいで提出をお願いします

1週間後の5月〇日（水）で良かったですね

はい、大丈夫です

かしこまりました

💡 「はい」とお客様に言わせてから終わる

| 個人 | 法人 | ルート | 新規 | 有形 | 無形 |

第4章

情報をヒアリングするためのトーク

040 ①Theme 日

予算を確認するための
トーク

　個人のお客様が、家を買うとき、車を買うときなど、だいたいの予算があります。予算が250万円なのに、300万円の車を一生懸命すすめても意味がありません。

　車の場合は、車種でだいたいの予算感がつかめます。住宅の場合は、場所や間取りで予算感がつかめますが、希望する内容によっては、さらに高くなることが出てくるでしょう。**営業パーソンであれば、予算を確認しておくことは必須です。**

　法人の場合は、会社から割り当てられた予算が必ず存在します。個人のように、勢いで購入することは、まずありません。工作機械、営業車、コピー機など、物を売るのであれば、だいたいの値段が決まっていますので、商談しやすいでしょう。

　しかし、値段が決まっていない、Webシステムを組む場合、カスタム商品を作る場合などでは、予算感をつかんでおかなければなりません。業界によっては、見積書を作るだけでも関係部署に問い合わせたり、外注先に問い合わせたりして、大変労力を使います。見積金額と希望金額があまりにもかけ離れていると、検討すらしてもらえなくなります。

予算を確認する

営業

詳細をお聞かせください

このようなITシステムを検討しています

お客様

ヒアリングした内容を元に、見積もりを作りますね

なるべく安くお願いしますね

かしこまりました

⚠ ただ、見積もりのためにヒアリングしただけ

詳細をお聞かせください

このようなITシステムを検討しています

詳細を、ありがとうございます。ちなみに、予算はいくら位でしょうか？

○○○万円を考えております

この予算は、死守することは厳守でしょうか？

もちろん、予算内には収め、その中でプランを検討したいです

実際に、優先しなければいけない部分は、どこでしょうか？

💡 予算の重要度、プランの優先などを確認する

| 個人 | 法人 | ルート | 新規 | 有形 | 無形 |

第4章
情報をヒアリングするためのトーク

041 1 Theme / 日

日々の困りごとを
ヒアリングする

　営業パーソンの仕事は、商品を売ることです。この意味をはき違えている人が多いのですが、**営業は、商品を売るために「売りたい商品やサービス」を提案するのではなく、「お客様の困りごとが解決するために商品やサービス」を提案するのです。**

　「入院したときが不安」という悩みがあるから、「医療保険」に入ることで安心を得る、「今より生産効率を上げたい」という悩みがあるから、「新しい設備」を導入して効率を上げるなどと、必ず、お客様には困りごとが存在しています。

　商品を提案することばかりが営業ではなく、日頃、信頼関係をつかむためにお客様先へ通いながら、日々の困りごとをヒアリングしていくことも立派な営業なのです。

　お客様の困りごとがハッキリしている場合は、よほど関係が深い相手ではない限り、他社を比較せず、1社だけで決めるのは稀です。お客様から提案があったときは、競合他社との価格勝負などに陥りやすいのです。

　日ごろから、常に、お客様の困りごとをヒアリングし続ける努力が、受注をもたらすのです。

（IT系の営業）困りごとのヒアリング

営業

最近、状況はいかがでしょうか？

お客様

人手不足で困っています

そうなんですね。人材系に知り合いがいますので、いつでも言ってください

そのときは、連絡させてください

⚠ ただ、表面的なことをヒアリングしただけ

最近、状況はいかがでしょうか？

人手不足で困っています

そうなんですね。ちなみに、人手不足は、かなり深刻なんですか？

最近も社員が辞めてしまい、代わりが見つからないんですよ

どんな人を探しているんですか？

○○の能力を持った人が欲しんだけどね

なるほど

💡 **もしかしたら、人手不足を補うシステム提案ができるかもしれない**

`個人` `法人` `ルート` `新規` `有形` `無形`

042

顕在需要を引き出すための質問

多くの場合、お客様が困りごとに気づいていて、その問題を解決するために、商品やサービスを購入します。例えば、人事システムが古いので新しくしたい、人手が足りないので○○のような人材が欲しい、生産能力を上げたいので最新の設備が欲しいなどです。個人であれば、寂しいのでペットを飼いたい、結婚したので生命保険に入りたい、家族が増えたのでミニバンに買い替えたいなどです。

この場合は、チャンクダウンと言って、物事を細かくする質問をして、希望する種類や機能、予算、いつ必要なのかなど、5W1H（When：いつ、Where：どこで、Who：だれが、What：何を、Why：なぜ、How：どのように）を使った質問をして掘り下げていきます。

どれだけ、お客様から情報が引き出せるかが、カギとなります。ただ、問題が表面化しているだけに、競合と戦わなければなりません。どれだけ、きちんとした情報を引き出せるかが、営業パーソンのスキルだと言えるでしょう。

細かい質問をして、具体化をしていきます。これを、チャンクダウンと言います。

チャンクダウン（論理的思考）

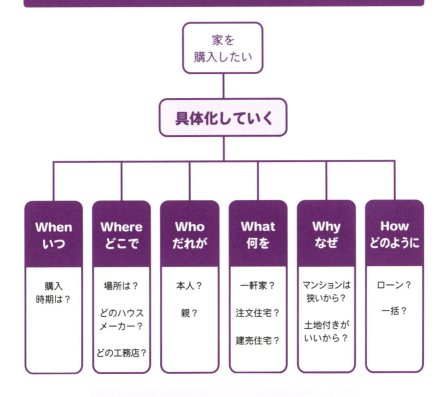

質問の例
- どこで購入しようと考えていますか？
- いつ購入しようと思っていますか？
- どうやって購入しますか？
- 何を検討していますか？
- 誰がローンを組みますか？
- なぜ、購入したいのですか？

| 個人 | 法人 | ルート | 新規 | 有形 | 無形 |

第4章 情報をヒアリングするためのトーク

043

Theme 1日

将来的な潜在需要を引き出す質問

営業には、すでにある既製品・既サービス（保険、自動車、部品、製品など）を売る場合と、お客様の困りごとを解決する製品やサービス（コンサル、システム）を売る2種類があります。お客様からの要望に基づき、カスタマイズして受注する半既製品などもあります。

既製品、既サービスや、半既製品などは、元となるものがありますが、お客様の困りごとを解決する場合は、すでに表面化されているものではなく、潜在的な問題を解決しなければなりません。

そのためには、「なぜ、そう思ったのか？」「目的は何？」「理想の状態は？」などと、根本的な考えを探る質問、未来を考えさせる質問をしていく必要があります。

階層でいうと、チャンクダウンとは逆になり、だんだんとあいまいな形にして、全体像をみていく、チャンクアップが必要になります。

これが、抽象的思考です。物事が壁にぶち当たったとき、物事の根本的な理由を整理するときに効果があります。お客様が購入を悩んでいるとき、お客様の頭の中が整理されていないときに営業トークとして使います。

104

チャンクアップ（抽象的思考）

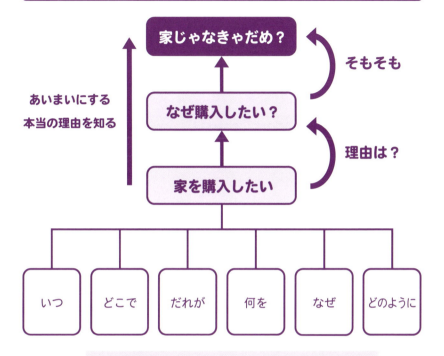

質問の例
- 将来どうなるといいですか？
- 10年後のイメージはどんな感じ？
- そもそも○○しようと思ったきっかけは？
- なぜそう思ったのですか？
- 一軒家じゃなきゃダメですか？
- 理想の状態は？

コラム **4**

打ち合わせ時に「前のめりでない」と キャンセルされた

　独立した後のコンサルティングを受注するときの失敗談です。

　直接、私のホームページに依頼が来たのではなく、市のプロジェクトに応募し、市から委託を受けた会社から派遣された仕事でした。

　事前打ち合わせで、この会社を訪問したとき、いくつかの資料を見ることになったのですが、すごい大きな机で少し距離がありましたが、遠めに見ても、文字は見えましたし、内容は理解できたので、立ち上がることはしませんでした。

　帰宅後、いきなり委託企業から「今日訪問した○○会社、コンサルタントを変えて欲しいとの依頼があったので、無しになりました」との連絡がありました。

　理由を聞いてみると、「私がもっと前のめりになって共感をしなかったのが気に入らない」とのことでした。特に、不快な思いをさせていない自負はありますが、おそらく、コンサルタントのレベルよりも、共感してくれる人がよかったのではないかと思います。

　市のプロジェクトは費用が安いので、わがままなお客様が時々います。人のせいにしてもいけないので、この日以来、私は変わりました。

　お客様から会議室で資料を見せられたら、立ち上がって積極的に見ようとすることで「真剣です！」という意思表示をし、相手の会話に対して、「へー」「ほー」を連発するようになりました。

　この失敗のおかげで、打ち合わせ後に失注したことはなくなりました。

第5章

商品説明（プレゼン）、比較検討するためのトーク

ヒアリングした内容をもとに、企画案を3つお持ちしました。A案、B案、C案、どれが近いでしょうか？

本来ならA案なんですが、C案がいいと思います

ちなみに、C案で変更する箇所はありますか？

この部分に、A案の数字を入れてもらえるかな

| 個人 | 法人 | ルート | 新規 | 有形 | 無形 |

第5章 商品説明（プレゼン）、比較検討するためのトーク

044

1 Theme／日

商品やサービスの提案は
とても重要

　営業パーソンのメインの仕事といえば、お客様に商品やサービスの説明をして、理解していただくことです。

　新規でアポを取ること、購入していただけるようクロージングすることも大切ですが、**商品やサービスの説明次第で、購入するかどうかが大きく左右されます。営業は、説明が上手い方がいいと言われるのは、営業の幹の部分だからです。**商品やサービスの知識が多くても売れないという人もいますが、詳しくないよりは、詳しい方がいいに決まっています。営業である以上は、誰よりも詳しい知識を持ちましょう。

　お客様に何を聞かれても、スムーズに受け答えできる状態が理想です。いろいろな質問に対応しながら覚えていきます。

　商品知識を身につけ、どれだけ一生懸命説明したとしても、伝わらないときが出てきます。そのようなときに、1つの案だけを提示して説明するのではなく、2～3つの案を提示して比較させたり、良い面と悪い面の両方を見せたりする方法などを駆使して、お客様に理解してもらうのです。

　説明力に加え、見せ方を工夫するだけで大きく変わります。

ステージ1	ステージ2	ステージ3	ステージ4	ステージ5
アポイントメント	コミュニケーション	プレゼン	クロージング	アフターフォロー

新規テレアポ

飛び込み → 雑談

ヒアリング

アポイントメント
（ルートセールス、
反応があった人）

商品説明①
（提案①）

商品説明②
（提案②）

（商品説明③）

テストクロージング

交渉

クロージング

契約

アフターフォロー

ステージ1	お客様との接点を作るアクションです
ステージ2	関係を作りながら、相手の困りごとや要望をヒアリングします
ステージ3	ヒアリングした内容をもとに、商品やサービスの提案をします。ここは1回で終わることは少なく、何度かやり取りを重ねます
ステージ4	購入度合いを確認後、買ってもらうためのクロージングをします。交渉スキルも必要です
ステージ5	契約と契約後のアフターフォローをします。ここをサボるとリピートしません

| 個人 | 法人 | ルート | 新規 | 有形 | 無形 |

045

第5章

商品説明（プレゼン）、比較検討するためのトーク

比較検討するために
2つの案を提示する

　見積案を提示する、企画案を提示するとき、お客様からヒアリングし、希望や要望に合う案を1つだけ提示する人が多いです。お客様の要望に合わせようとする気持ちは分からなくもないです。

　1つだけ提示する方法は、受注がほぼ確定している場合には有効ですが、まだ提案段階ですと、断られたり、相手のニーズを把握する機会をなくしたりしてしまいます。その案がイメージしていたものと違うと言われてしまうと、また1からヒアリングし直さなければなりません。

　そこで、2つの案を提示することで、どちらかを選んでもらいやすくなります。受注確率が「中」くらいで、お客様の要望がある程度ハッキリしている場合に、この手法を使うと効果的です。1つではNGと言われたとしても、2つの比較対象があると、選ばざるを得ないからです。

　見積書を提示する場合、企画案を提示する場合、デザイン案を提示する場合など、必ず、複数案を提示することで、受注確率を上げることが可能となります。分かり切っていても、おまけでもいいので、必ず、複数案を提示することです。

お客様への提案

営業

ヒアリングした内容をもとに、企画案をお持ちしました。いかがでしょうか？

ありがとうございます。社内で検討してみます

お客様

よろしくお願いいたします

ヒアリングした内容をもとに、企画案を2つお持ちしました。どちらがいいでしょうか？

この2つなら、B案かな

ありがとうございます。B案で進めても大丈夫でしょうか？

よろしくお願いいたします

選択話法（二者択一話法）とは、相手に2つの選択肢を示し、どちらが選ばれても自分の期待する結果が得られるようにする心理テクニックのこと

| 個人 | 法人 | ルート | 新規 | 有形 | 無形 |

第5章

商品説明（プレゼン）、比較検討するためのトーク

046

Theme ①日

断られないために
３つの案を提示する

　選択話法（二者択一話法）と似ており、１つだけではなく、３の案を提示することによって、一番近い案を選んでもらう手法です。

　選択話法（二者択一話法）は、ある程度、お客様の要望をつかんでいる場合には使えますが、**お客様の要望がハッキリしない場合などに３つの案を提示すると、お客様の要望（ニーズ）がつかみやすくなります。３つ提示すると、断られる確率が一気に減ります。**

　元々は、自分の売りたい案②を、少し価格が高い案①と、少し価格が低い案③と挟むことで、案②を選ばせるテクニックなのですが、営業が使うとなると、飲食店のメニューや、販売店の価格帯を３つに分け、真ん中を選んでもらうように仕向けるのは簡単ではありません。なぜなら、営業が扱う商品やサービスは、もっと複雑だからです。

　例えば、お客様からヒアリングした内容に基づき、企画書A案を作成したとします。A案に＋αの内容を加えた企画書B案、A案の内容を少しだけ変えた企画書C案を提出したとします。お客様は、A案がピッタリだと納得してくれると思いきや、「B案がいい」「C案がいい」というケースが本当に多いのです。他の案を見せるからこそ、お客様ご自身が、ニーズに気づくこともあるのです。

お客様への提案

営業

ヒアリングした内容をもとに、企画案をお持ちしました。いかがでしょうか？

んー、いいのですが、何か違うんですよね

お客様

ちなみに、どこが違いますでしょうか？

表現が難しくて、説明しづらいなー

ヒアリングした内容をもとに、企画案を3つお持ちしました。A案、B案、C案、どれが近いでしょうか？

本来ならA案なんですが、C案がいいと思います

ちなみに、C案で変更する箇所はありますか？

この部分に、A案の数字を入れてもらえるかな

松竹梅の法則：
価格や内容の違う 3つの選択肢を与えると 真ん中の価格や内容のものを選びやすくなるという心理効果のこと

| 個人 | 法人 | ルート | 新規 | 有形 | 無形 |

047 ① Theme 日

良い面と悪い面を同時に伝える

テレビなどで流れてくるCM、新聞や雑誌の広告、テレビショッピングなどは、いいところしか話しません。同じように、営業もいい部分しか話さない時代が続きました。

なぜなら、悪い部分を話すと売れる確率が減りますし、「相手が知らないことを、わざわざいう必要はない！」という考えにもとづいていました。

最近は、Googleで検索すれば何でも出てきます。数万円〜数十万円の商品でも、YouTubeで紹介している人がたくさんいます。Instagram、X（旧Twitter）などでも紹介されています。商品の口コミを見ると、いい部分だけではなく、悪い部分がたくさん書かれています。もはや、悪い部分は隠せないのです。

どうせバレるのなら、悪い部分も説明（限度はありますが）してしまった方が、逆に、信用のおける営業となり、信用されるのです。良い部分、悪い部分の両方を説明できる営業が求められています。

ただし、伝え方には気をつけましょう。良い面があった上での悪い面です。悪い面が目立ちすぎないように。

お客様への提案

営業

この車は、とても人気があり、購入した方の満足度も高いです。小さいわりには室内が広く、燃費もいいです

ヘー、そうなんですね。でも、高いですよね

お客様

今は、どの車も価格が上がっており、この車が特に高いと言うわけではないですよ。今より室内は広くなるので、快適になって、いいと思います

（必死で、価格から目をそらそうとする）

確かに・・・。それは分かるけど、予算オーバーだしなー

この車は、とても人気があり、購入した方の満足度も高いです。小さいわりには室内が広く、燃費もいいです

ヘー、そうなんですね。でも、高いですよね

今は、どの車も価格が上がっており、この車が特に高いと言うわけではないです。値段が高いのがデメリットなので、ランクを下げる方や購入をためらう方もいます。ローンを組んだ場合、今の車のときより、毎月の支払が増えますが、燃費性能がすごく向上しているので、ガソリン代は、毎月、3割くらい安くなると思います

（高いことがデメリットだとあえて伝え、メリットも付け加える）

毎月のガソリン代も高いし、今より性能が上がれば、いいですね

両面提示の法則：
相手を説得するときに、良い面やメリットと、悪い面、デメリットの両方を伝えること

| 個人 | 法人 | ルート | 新規 | 有形 | 無形 |

第5章

商品説明（プレゼン）、比較検討するためのトーク

048 ①Theme 1日

商品説明は、結論から話すPREP法で

PREP法は、文章作成、プレゼンなどで用いられる分かりやすく簡潔に伝えるためのフレームワークです。いろいろな本で紹介されていますので、すでに見たことがある人もいるでしょう。

文章では、メール、報告書、小論文など、話すことでは、報告、プレゼン、商品説明などで用いることができます。「結論」「理由」「具体例」「結論」の流れで構成されています。つい、だらだらと話を続けてしまい、「何が言いたいの？」と、相手に思わせるのを防ぐことができます。「結論」が2回出てくるため、相手にインパクトを残すことができます。

この方法を使うことで、説得力が増し、短時間で相手に物ごとが伝わるようになります。営業パーソンであれば、ぜひ、覚えておきたい、使い慣れて欲しい文章構成になります。

PREP法をさらに進化させたものが、事例、具体例を2つ入れるというものです。1つの事例だけでは、相手が理解しにくい例えを使ってしまうと、伝わらない可能性がでてきます。そんな、コミュニケーションの失敗をなくすためにも、事例を2つ入れることをおススメします。

116

出版セミナーを売りたいコンサルタントのトーク例

PREP法（事例が1つ）

P（結論） 講師は本を出すべきです

R（理由） なぜなら、知名度が上がり仕事に結びつくからです

E（事例） 本を読んだ人が、検索をして、あなたを見つけてくれるため知名度が上がります

P（結論） だから、講師は本を出すべきです

PREP法（事例が2つ）

P（結論） 講師は本を出すべきです

R（理由） なぜなら、知名度が上がり仕事に結びつくからです

E（事例1） 本を読んだ人が、検索をして、あなたを見つけてくれるため知名度が上がります

E（事例2） 本を読んで感銘を受けた団体、学校、会社の人などから、仕事の依頼が来ます

P（結論） だから、講師は本を出すべきです

1つ目の事例で反応しなかった人が、2つ目の事例（具体例）で反応することがあります。事例は、複数あった方が反応する確率が上がります

第5章　商品説明（プレゼン）、比較検討するためのトーク

| 個人 | 法人 | ルート | 新規 | 有形 | 無形 |

049

1 Theme 日

全体の概略から伝える ホールパート法

　ホールパート法とは、全体を意味するホール（whole）と、部分を意味するパート（part）が組み合わさってできた言葉です。 プレゼンやコミュニケーションにおける説明手法の1つです。

　ホールパート法は、最初に話す内容の全体像を伝えた上で、各部分を説明して、もう一度、結論を伝えるという、話の組み立てになります。

　プレゼンなどでよく使われる手法なのですが、せっかくなので、営業でも使ってみましょう。分かりやすく伝える方法は、すべて取り入れましょう。

　一番わかりやすいのは、絶対に伝えたいテーマがいくつあるかを、先に伝えることです。

　テーマが３つあれば、「本日、○○様にお伝えしたい内容は３つございます」というように、話をスタートしていきます。その代わり、どのようにお客様に伝えればよいかを、事前に考え、頭の中でストーリーを描く必要があります。多くの営業にありがちな、その場の雰囲気でしゃべるという手法は、通用しません。事前準備が大切になります。

出版セミナーを売りたいコンサルタントのトーク例

ホールパート法（事例が2つ）

営業で売れるようになるコツは、**2つ**あります

1つ目は、何度も通ってお客様との距離を近くして、まず、信頼されるようになることです

2つ目は、お客様が反応しやすい営業トークを身につけ、営業が下手に出ながら、有利に事を進めるようになることです

ホールパート法（事例が3つ）

講師が本を出すメリットは、**3つ**あります

1つ目は、本を読んだ人が、Googleなどで検索をして、あなたを見つけてくれるため知名度が上がることです

2つ目は、本を読んで感銘を受けた団体、学校、会社の人などから、競合なしで、直接、仕事の依頼が来ることです

3つ目は、本を出していると、いろいろな人から「すごい人」だと思われることで、信用がある状態から始めることができることです

いくつあるかを先に伝えることで、先に概略を知ってもらうという効果があります。
ホールパート法を使って一気に5つも出すと、聞いている側も分からなくなってしまうため、2つ、3つ程度が一番伝わりやすいです

コラム 5

遅刻で、かなりのマイナス印象を与えてしまった

　半導体商社に入社して2週間くらいの頃、韓国の超大手半導体メーカーの役員とトヨタ系企業へ訪問する予定でした。私が転職した半導体商社には、私のことを気に入らない前任者(先輩)がいて、とにかく嫌がらせをしてきました。訪問企業に行く途中、高級なランチが食べられる場所が分からず、この先輩に確認したら、休みの日と分かっていながら、わざと、この店を教えてくれたのです。今のように、スマホで休日が分かる時代ではないので、事前に電話予約をすべきでしたが、仕事であたふたしている自分には、そこまで余裕がなかったのです。

　半導体メーカーの役員と、私の上司の上司である営業部長とで、営業に出かけ、ランチ予定のお店に着いたら、なんと休日でした。その場所で、私の部長が激怒し、頭を一発殴られました。今なら、超パワハラなんですが。

　どうするか考えている間に時間が過ぎ、訪問先企業と約束の時間が過ぎましたが、部長に殴られたことと、ランチがお休みで半導体メーカーの役員がイライラしていたことで、私も気が動転しており、お客様へ遅れるという電話すらできませんでした。

　結局、お客様先に着いたのが20分遅れで、お客様はかなりご立腹、半導体メーカーの役員もご立腹、私の部長もご立腹、殴られた私は気が動転中で、よくわからないまま打ち合わせは終了しました。

　大手のお客様は、1時間ごとにスケジュールが入っており、どんな理由であれ、こちらが遅刻した分、打ち合わせ時間は減るので、連絡するかしないかにかかわらず不利になります。遅れるという電話をしなかったことは、話になりません。ランチのお店は、事前に電話すべきでした。これらの段取りの悪さで、仕事を一気に失う可能性があることを学びました。

第6章

営業に使える心理テクニックトーク

 やはり、英会話を身につけることは重要ですよね

はい、そう思います

 英語がしゃべれるようになると視野が広がりますよね

はい、そう思います

 英語に抵抗がなくなると海外に行く機会が増えると思います

はい、そうなりたいです

| 個人 | 法人 | ルート | 新規 | 有形 | 無形 |

第6章
営業に使える心理テクニックトーク

050 ①Theme 日

心理テクニックは営業にピッタリ

「○○心理学」というタイトルがついた本が、たくさん発売されています。営業をテーマにした内容では、「営業心理学」という本が、一時期、流行りました。「○○心理学」など、心理学という名前が付くと、興味を持つ人が多いようです。

実際、営業は、人と人との心理戦です。弁護士のように法律に基づいて判断するわけでもなく、医師のようにエビデンスに基づいて診断するわけではありません。

そのため、営業と心理学は、とても相性がいいのです。恋愛、夫婦関係、友人関係、営業、交渉、リーダーシップなど、場面が違っても人と人のやり取りをするものは、心理学がベースとなって解決策や対応策が書かれています。営業パーソンであれば、心理学の基本を知っておいて損はないでしょう。

ただ、無理やり営業と心理学を結び付けた本や、営業ならすべての心理法則が使えると言わんばかりの本も多いため、自分の置かれた状況に当てはめながら、使うことをおススメします。

法人向けの営業より、個人向けの営業の方が、営業心理学を応用しやすいです。

心理学とは	人間の心理や行動が、どのような原理で動いているのかを研究する学問。基礎心理学（認知心理学・発達心理学・学習心理学・社会心理学など）と、応用心理学（臨床心理学・犯罪心理学・産業心理学・教育心理学など）に分かれている
社会心理学	個人が、社会や集団からどのような影響を受けるのかを研究する学問
行動心理学	人間の行動を観察し、その行動をとったことに対する心理を研究する学問
消費者心理学	消費者が、商品やサービスの購入を検討するときに、直接的、間接的に決定に影響を及ぼす心理的要因を研究する学問
購買心理学	人が何かを購買するときの意識プロセスや行動について研究する学問
組織心理学	職場や組織における人間の行動を研究する学問。うまくいっている組織に共通する「リーダーシップ」「人間関係」などを明らかにする
産業心理学	商品やサービスの生産、消費などの場面における人々の行動や心理過程を明らかにする学問

| 個人 | 法人 | ルート | 新規 | 有形 | 無形 |

第6章
営業に使える心理テクニックトーク

051 ①Theme 日

何かをしてもらったら お返しをしたくなる （返報性の法則）

　自分から誰に対しても何かを与える素晴らしい人もいますが、**多くの人は、自分に対して良くしてくれた人、何らかの世話になった人に対して、お返しをしようとするのではないでしょうか。**

　いろいろな人からセミナー参加のお誘いを受けますが、私が参加するのは、利害関係のある人、日頃からお世話になっている人、自分のセミナーに来てくれた人、仲が良い人からの誘いなどです。私のセミナーには来ないのに、自分が主催するときだけ誘ってくる人もいますが、興味があるテーマでない限り、参加しません。多くの人の心理は、こんな感じではないでしょうか。

　いやらしいかもしれませんが、私は人のセミナーに積極的に参加します。誘われた場合は、空いていればなるべく参加するようにしています。そうすると、自分がセミナーを主催したときに、一人一人声をかけなくても、参加してくれるようになります。

> 返報性の法則とは、相手から受けた好意などに対し、「お返しをしないと申し訳ない」という気持ちになる心理法則のこと

お客様に売り込む　　　　　　まずは、関係を作る

関係がなければ聞いてもらえない

お客様にお願いをする　　　　先に、お願いを受ける

お願いを聞いてから、お願いしよう

何も言われないからいい　　　言われていないけど先に何かをする

何も言われなくても率先して何かをする

役立つ情報をもらう　　　　　役立つ情報を与える

情報は生命線。お客様は、情報を知りたがっている

| 個人 | 法人 | ルート | 新規 | 有形 | 無形 |

052

Theme 1日

多くの人と
同じ行動をとりたくなる
（社会的証明）

　本を読みたいが、どんな本を読んだらいいか分からない場合、売れ筋ランキングを見て、つい、売れている本を買ってしまった経験はないでしょうか。**売れている本は、大勢の人が選んでいるのだから「いい本に違いない！」と感じるということです。**

　実は、法人向けの営業でも、この社会的証明は多く使われています。企業に商品やサービスの売り込みをかける場合、必ず、他の会社で実績があるかどうかを聞かれます。実績ができるまでの営業は、本当に大変です。

　多くの人は、零細企業など、多くの企業で実績を積みます。数が多い方が、当然、信用されるからです。大手企業で採用されると、中小零細企業は、「あの大手企業が認めたなら間違いない！」と、一気に信用が高まり売れるようになります。

　それだけ、他人の判断は効果があるということなのです。

社会的証明とは、自分の判断に自信がない場合、適切な判断ができない場合などに、自分の判断ではなく、他者の判断に基づいて自身の行動を決定してしまう心理学用語

○○やっています！　　　　　○○エリア 実績No.1！

どんなに狭くてもいいので、地域や分野を絞って1位を見つける

売れています！　　　　　　○○ランキング 1位獲得！

Amazonランキング　○○分野 1位、
○○書店ランキング 1位 期間●〜●

レビュー 7個　　　　　　　レビュー 40個

レビューが多い方が、たくさんの人が評価していると認める

企業30社で採用　　　　　○○会社（超大手企業）で採用

小さな100社より、超大手1社。
法人向けでは、HPではなく、実績資料を提示

第6章 営業に使える心理テクニックトーク

個人　法人　ルート　新規　有形　無形

053

数量限定、期間限定などに反応しやすい（希少性の法則）

　コンビニに行くと、季節限定の商品がたくさん並んでいます。よく売れるものなどは、定番商品にして年間を通して発売して欲しいと思うのですが、季節限定なので価値があるのでしょう。

　旅行に行った先のお土産なども、その地域でしか買えない希少性があります。**流通量が少なく、なかなか手に入らない希少性の高いものは、すぐ買わないとなくなると感じるようになり、よく売れるそうです。**

　一般消費者向けの商品やサービスは、この希少性の法則をあえて活用しています。コンビニ、スーパー、家電量販店、Amazonなど、限定商品ばかりです。個人向けの商売であれば、この希少性を活用すべきです。ただ、法人企業同士のやり取りは、希少性よりも、自分の会社に価値をもたらすかどうかを優先しますので、使いにくいかもしれません。

希少性の法則とは、希少性の高いもの、例えば、台数限定、季節限定、流通が少ないなど、なかなか手に入らないものに価値を感じるという心理現象

季節感を出す

通年商品　　　　　　　　　　季節感を出して季節限定

数量を減らし希少性を出す

通年商品　　　　　　　　　　特別感を出して数量限定

色のバリエーションと期間限定

1色のみ　　　　　　　　　　カラーバリエーション期間限定

どこでも買えない

どこでも買える　　　　　　　店舗限定（ネット限定）商品

| 個人 | 法人 | ルート | 新規 | 有形 | 無形 |

054 ① Theme 日

肩書のある人の話は 信用しやすい （権威の法則）

テレビにコメンテーターとして出演している専門家、その時に表示されるテロップを見ていると、会社社長の肩書やビジネスの実績より、著書名や難関資格などの方がよく出てきます。常勤（教授、准教授など）、非常勤（特任教授、非常勤講師など）にかかわらず、大学講師の肩書は、必ず出てきます。**多くの人は、内容の真偽よりも肩書に左右されるということです。**医師が推薦している健康食品、大学教授がコメントしている内容などは、誰もが「間違いない」と信用してしまいます。

医師、大学教授などではなくても、何らかの専門家にかかわっていただいた商品やサービスの方が、多くのお客様に信用されやすくなります。大手企業への法人営業は、データなど事実関係の方が重要視されますが、個人相手の商売では、非常に有効な方法ではないでしょうか。

> 権威の法則とは、社会的に認められた権威者、専門家（医師、弁護士、大学教授、著者など）が話した内容は、説得力を感じたり、意見に従いやすくなったりする心理法則

肩書を工夫する

 何もなし
- 主任
- 係長
- マネージャー

人は肩書を尊重する

資格を記入する

 何もなし
- ○○アドバイザー

業務に関連する資格なら難易度は問わない

大学講師、超難関資格の力は強い

 企業の推薦
- 大学教授
- 准教授
- 医師推薦 など

大学教員や医師の権威力はすごい

書籍があれば必ず記入する

 ブログ SNS
- 紙の書籍

本を出している人はすごいというイメージが強い

第6章　営業に使える心理テクニックトーク

| 個人 | 法人 | ルート | 新規 | 有形 | 無形 |

055

Theme 1日

一度決定すると
その後コミットメントした
行動をとる（一貫性の法則）

　一貫性の法則は、YESの法則、アグリーの法則と言われています。

　人は自分で発した言葉や行動に対して一貫性を貫こうとするため、自分で言ったこと、決めたことに対して、最後まで貫かないと変な気持ちになってしまいます。 そこを、営業は逆手に取り、お客様から「YES」を引き出していくのです。

　お客様から「YES」（合意）をもらいながら商談を進めると、お客様から断られる確率が減ります。ただし、信頼関係が重要視される法人営業やルート営業では、効果が薄いです。個人向け営業、電話営業、営業力で差がつく商品を売る人、サロン、塾、教室運営などの人は、大いに役立つでしょう。

　時々、カフェで営業をしている人の近くに座ると、このテクニックを上手に使っています。相当、練習をしてきていますね。

一貫性の法則とは、自分でやると決めたことや人に宣言したことを、一貫性をもってやり遂げなければならないという考え方の傾向のこと

営業

やはり、英会話を身につけることは重要ですよね

はい、そう思います

お客様

どんなコースを希望されていますか？

そうですね。○○コースがいいかなと思っています

やはり、英会話を身につけることは重要ですよね

はい、そう思います

英語がしゃべれるようになると視野が広がりますよね

はい、そう思います

英語に抵抗がなくなると海外に行く機会が増えると思います

はい、そうなりたいです

| 個人 | 法人 | ルート | 新規 | 有形 | 無形 |

056

1日 Theme

お客様に貸し出す、期間限定で無料にする（保有効果）

　最近、ソフトウエアなどでサブスクリプションが流行っていますが、たいてい、30日間などの無料期間があります。**人は、つい手に入れてしまうと、手放したくなくなる心理効果があるので、全く価値を感じなかった人以外は、解約せず、そのまま使い続けるのではないでしょうか。**

　これは、有形の商材ですと、効果が抜群です。自動車ディーラーでも、何週間か車を貸し出し、実際に保有効果を活用していることもあります。計測機器などでも、1週間ほど貸し出して実際に使用してもらうことで、購入につなげたりしています。

　デモ機として、その時だけ使用してもらうのではなく、何週間か貸し出し、実際に使用していただくのが、一番効果が高いです。貸し出すには、使用してもらうための商品在庫、故障のリスクなどがあり、資金がかかりますが、広告などの投資と考えると、非常に有効な手段だということが分かります。

保有効果とは、人にとって価値がないものでも、自分が所有するものに高い価値を感じ、手放すことに抵抗を感じる心理現象のこと

いきなり課金する　　　　　　30日間の無料期間

解約条件を付け、申し込みをしやすくする

見せるだけ　　　　　　　　　実際に触れる

画像や動画ではなく、デモ機を持参する。ペットと触れ合える

カタログを見せる　　　　　　サンプルを渡す

手に取ってもらう

口頭で説明する　　　　　　　工場に来て実機に触れる

大型製品などに役立つ

試乗する　　　　　　　　　　貸し出す

故障や傷のリスクはあるが、思い切って貸し出すと購入率が変わる

コラム 6

店舗では、
お客様とは話さない方がいい

　パソコンメーカーにいたとき、ある家電量販店で売り場の整理をしていたら、ある男の人に話しかけられました。私のことを店員ではないと分かっている慣れた人でした。そこで、「あなたはメーカーの人？安くならないの？」と聞いてきたため、「私は、メーカーの人間です。値段に関する件は、あちらにいる店員さんでないと分からないので、お呼びしましょうか？」と伝えたら、「別に大丈夫！」とその場を去っていきました。

　問題なく時が過ぎたと思いきや、家電量販店の店員さんが私のところに焦って飛んできて、「『あなたから店員に相談すれば安くなると聞いた。何とかしてくれ！』と、あちらのお客様が言っている。どうしてくれるんだ！勝手な約束をするな！」と怒鳴られ、お店で大ごとになってしまいました。

　あとから、そのお客様が私のところに来て「あなたのせいにしたけど、悪気はないよ！」と伝えてきました。結局、そのお客様が勝手に私のせいにして大ごとにしてしまったのですが、お客様と話さない方がいいと悟った瞬間でした。

　この家電量販店は、あまり関係が深くないこともあり、私の言い分を一切、聞いてくれませんでした。「お客様は私を値引きの道具にした！」と言っているにもかかわらず、「あなたが誤解を与えるような発言をしたのは確かだ！」と言われ、やるせない気持ちでした。それ以来、私の方から営業に行くのをやめました。

　関係の深い慣れた家電量販店であれば、私が勝手な発言をしないことは分かっているため、お客様の言動も疑ってくれるのですが、聞く耳を持たない家電量販店もどうかと思いました。

第7章

商品より価値を売るためのトーク

 話を聞いてみて、いかがでしょうか？

 そうですね。今は、タイミング的にどうなのかと思って

 そうなんですね。今すぐでなくても大丈夫です。1つだけ質問させてください。もし、この商品を購入したら、どんな未来が待っていそうですか？

 あれば、安心ですよね

| 個人 | 法人 | ルート | 新規 | 有形 | 無形 |

第7章 商品より価値を売るためのトーク

057

Theme 1日

お客様の視点を移動させるテクニック

　営業パーソンは、常に、お客様と同じ世界を見ながら、コミュニケーションを行う必要があります。見ている世界が違っているのに、気づかない営業パーソンは失格です。

　実は、お客様の見ている世界は、営業パーソンのトークによって、動かすことができます。全く商品やサービスに興味がないお客様は別ですが、ある程度、こちらの話に耳を傾けてくれる相手であれば、営業パーソンのトークに付き合ってくれます。特に、個人向け営業の方には必須のスキルです。法人向け営業の場合は、会社の一代表者として商談していることもあり、状況によって使い分ける必要があります。

　お客様の中には、過去を思い出すのが得意な方、未来を想像するのが得意な方の2通りのパターンがあります。最初の視点は「現在」ですので、お客様の得意な方に話を振って、想像してもらいます。「過去」であれば、「購入したとき、どんな気持ちだったのか？」など、「未来」であれば、「手に入れたとしたらどんな気分か？」などを想像してもらいましょう。

　視点が動くのはお客様ですが、視点を動かすのは営業パーソンです。

お客様の視点を移動させるテクニック

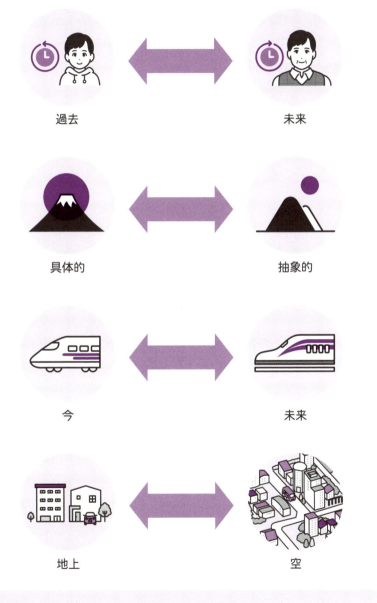

営業のトークによって、お客様の視点を移動させることができます

第7章 商品より価値を売るためのトーク

個人　法人　ルート　新規　有形　無形

058

商品の値段から全体スケールへ視点をずらすトーク

　営業パーソンは、商品やサービスを売ることばかり考えてはいけません。売ることに一生懸命になりすぎると、お客様から、値段の話を切り出されます。商品やサービスの良し悪しに発展することもあります。

　お客様は、良い、悪い、高い、安いなどという視点になりがちです。**そんなときは、「そもそも」「なぜ」「どうして」などの言葉を使い、お客様の視点を動かします。特に、商品やサービスの値段になったときに有効な手段です。**

　我々は、物事を具体的にすることに慣れています。例えば、海外旅行に行く計画を立てたとします。必要な情報は、「いつ」「どこへ」「どうやって」「誰と」という感じで具体的にしていきます。「夏に」「アメリカへ」「飛行機で」「家族で」と明確にしていきます。

　抽象的にするとは、この逆で、「そもそもなぜ海外旅行なんですか？」「なぜ、旅行に行こうと思ったのですか？」と尋ねると、「日本でもよかったね」とか「買い物が目的だったけど、景色を見てゆっくりしたいよね」というように、そもそもの目的を考えることができます。

140

全体スケールへ視点をずらすトーク

営業

話を聞いてみて、いかがでしょうか？

少し予算が合わなくて
お客様

どれくらいの値段がご希望なのですか？

○○円くらいです

⚠ 値段の話を聞き出そうとする

話を聞いてみて、いかがでしょうか？

少し予算が合わなくて

そうなんですね。ちなみに、なぜ、この商品の購入を検討しようと思ったのですか？

他社の○○を調べていたら、こちらの商品にも興味を持ちまして

💡 検討している理由を聞き出そうとしている

| 個人 | 法人 | ルート | 新規 | 有形 | 無形 |

第7章
商品より価値を売るためのトーク

059

1 Theme 日

購入後のメリットを
イメージさせるトーク

商品やサービスを売るときに行き詰まったら、購入後のメリットを考えてもらい、あたかも手に入れたように想像してもらいましょう。

例えば、生命保険を売るとします。生命保険のメリットをいくら説明しても、他と比べてどれだけいい商品だと説明しても、なかなか相手には響きません。そんなとき、「この医療保険に入ったとしたら、どんなメリットがありそうですか？」などと、想像してもらうのです。「特にない」と言われることもありますが、臆することなく、相手に投げかけてみましょう。

「万が一、入院したときに安心できる」とか、「長期入院したときに助かる」などと、お客様自身で表現してもらうのです。あくまで、お客様の言葉として口に出してもらうことが重要です。意識が購入した後に向いていますので、背中を押しやすくなります。

これは、法人向けの営業でも使えます。IT系のソフトを売っていたとします。「このソフトを新しく導入すると、どうなりますか？」などと、問いかけてみて、買った後の状態を想像させるのです。

購入後のメリットをイメージさせるトーク

営業

話を聞いてみて、いかがでしょうか？

お客様

そうですね。今は、タイミング的にどうなのかと思って

いつなら購入してみようと思いますか？

んー、そうですね。ハッキリと決めかねています

⚠ 相手の話に乗っかっている

話を聞いてみて、いかがでしょうか？

そうですね。今は、タイミング的にどうなのかと思って

そうなんですね。今すぐでなくても大丈夫です。1つだけ質問させてください。もし、この商品を購入したら、どんな未来が待っていそうですか？

あれば、安心ですよね

💡 本当に買う気があるか確認している

個人　法人　ルート　新規　有形　無形

第7章
商品より価値を売るためのトーク

060

Theme ① 日

安さ以外を
売りにするトーク

　商売をする以上、お客様から値引きを要請されるのは、ごく自然な流れです。値引きを受けるか受けないか（値引き額を含む）は、会社の判断によって変わってきますが、常に、値引きしないと売れない営業パーソンでは話になりません。

　会社を経営する側になると分かるのですが、値引きは、利益を減らし、会社の業績を悪くします。値引きするなら売らない方がマシなんてこともたくさんあります。商品を仕入れて売る商社であれば、仕入れ価格を下回れば赤字です。人件費や営業に関係する交通費なども考えなければなりません。

　安売りが勝負の会社を除き、価格勝負に持ち込むのは得策ではありません。価格以外に目を向けるよう努力をする必要があります。個人であれば、紹介が見込める、法人であれば、取引企業がブランド価値になる、かなりの数量が見込めるという理由でなければ、値引きは得策ではありません。

　個人でも法人でも、人柄が値段にはない安心につながる、ローンの金利が安い、設置工事費や配送料が無料、納期が早い、特別仕様など、安さ以外で選択されるケースは多いです。

安さ以外を売りにするトーク

営業：話を聞いてみて、いかがでしょうか？

お客様：上司にアピールするために、もう少し安くなりませんか？

営業：ちなみに、いくらだと上司にアピールできそうですか？

お客様：〇〇円くらいです

⚠ 値引きするのが前提で進んでいる

営業：話を聞いてみて、いかがでしょうか？

お客様：上司にアピールするために、もう少し安くなりませんか？

営業：値段以外にも設置費用が無料ですし、ローンの金利も相当安くしております。製品単価以外を総合的に考慮すると、〇〇円の割引相当の価値があると思われます

お客様：そうですか

💡 安さ以外の努力もきちんと伝える

第7章 商品より価値を売るためのトーク

| 個人 | 法人 | ルート | 新規 | 有形 | 無形 |

061 ⟳ 1 Theme 日

競合他社を確認するためのトーク

　個人向けでは、ネットの情報がいくら増えたとはいえ、高額な自動車や住宅なら、たいてい2〜3社回って話を聞くはずです。この他にも、弁護士に〇〇を依頼したい、車を売りたい、自宅のリフォームをしたい、マンションを借りたい、資格学校に通いたいなどでも同じではないでしょうか。事前に、ホームページを見て、比べている場合もあります。

　法人向けでは、単価の低い商品やサービス、すごく特別な商品、お客様と強固な関係がある場合を除き、たいてい競合先が存在しています。ITシステムを組む場合、研修会社に研修を依頼する場合、人材派遣会社を探しているときなど、数社に声をかけるのが普通です。中には、会社の規定で、3社以上の相見積もりを取るように決められていることもあります。

　競合がいるということは、世間で需要があるということです。競合がいるおかげで、切磋琢磨していい商品やサービスが出来上がります。お客様とは、競合がいる前提で話をして、いかに、他社よりも早く、いい情報を仕入れることができるかがカギとなります。

競合を確認するトーク

営業

競合先があれば、教えていただけませんでしょうか？

御社以外にも2社声をかけています

お客様

ちなみに、どんな感じでしょうか？

んーちょっと、それは

⚠ 関係構築があればOKだか、そうでないと難しい

競合先は、どんな状況ですか？

他に2社声をかけていて、1社見積もりが来たところです

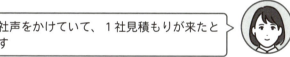

今回は、値段が決め手ですよね

その要素は大きいですね

💡 こちらから、答えを誘導して決め打ちします

| 個人 | 法人 | ルート | 新規 | 有形 | 無形 |

第7章
商品より価値を売るためのトーク

062

1 Theme 日

重要事項は、言葉だけでなく文字に残すトーク

　営業ほど、あいまいで、口約束が多く、文字に残さない職業はありません。設計であれば図面に残します。ITのシステムエンジニアであれば、仕様書を作ります。事務員の受発注は、お客様から電話で発注されることがありますが、FAXであったり、専用の端末から注文が入ったりします。お客様からの注文は、必ず発注端末に入力します。

　商談での口約束、お客様との電話のやり取りなどが多くなってしまい、あとから「言った」「言わない」で揉めるケースを何度も見てきました。揉めるのは、たいてい、価格か納期です。「言った」「言わない」に発展すると、余計な時間が取られます。

　個人向けの自動車、学習塾、結婚式場などでは、入会前のメールでのやり取りは難しいですが、商談した内容は、必ず、メモしておくことが重要です。

　法人向けであれば、商談の内容をメモしておくのは必須で、その後のやり取りも、なるべく書面に残すべきです。電話が好きな業界もありますが、できるだけ電話よりメールを使いましょう。商談内容は、後から、メールしておくことが大切です。

言葉だけでなく文字に残すトーク

（現場の人からTELで）

○○の工具を3つください

お客様

営業

分かりました。こちらで注文しておきます

よろしくお願いします

⚠ ラクだけど記録に残らない

（現場の人からTELで）

○○の工具を3つください

分かりました。こちらで注文しておきますが、「言った・言わない」になるといけないので、会社から文字に残すように言われています。FAXかSMSメールでもいいので、ひと言お願いしたいです

面倒だけどなー。分かりました

💡 手間はかかるが記録に残すことができる

コラム 7

ルート営業でも
弱小メーカーは相手にされない

　法人営業のルート営業は、新規営業に比べ、簡単だと思っている人が多いです。取引している企業と関係が深く、メイン取引先になっている場合は、とても営業しやすいので、アプローチ部分だけを考えたら神経を使わないかもしれません。お客様も歓迎してくれます。

　お客様と何らかのつながりがあるものの、どうでもいいお客様扱いをされている場合は、ほんと大変です。何を提案しても、話を聞いてもらえません。アポもまともに取れません。居留守を使われます。自分の会社には、取引先として認識されているため、取引量を増やすよう指示されますが簡単ではありません。

　超弱小パソコンメーカーにいた頃の話です。今まで、店舗へ行く営業がいない状態でした。そんなとき、私が営業としてお店をまわることになったのですが、お客様と信頼関係が全くありません。

　お店に訪問すると、「あなた誰？」「おたくに営業いたの？」「今まで誰も来なかったけど」「用事ないから帰って！」と、誰も相手にしてくれませんでした。新規開拓が仕事なら、他を探せばいいのですが、ある家電量販店の担当者として任されているので、その範囲内でどうにかするしかありません。

　何回も何回も通っていると、関係ができた人もいれば、全く相手にされない人に分かれました。関係ができた人は、お客様の店舗全体の20％です。あきらめずに通えば、認めてくれる人がいるということです。

第8章

交渉がうまくなるトーク

一通り説明いたしましたが、いかがでしょうか？

すみません。うちには今必要なさそうです

そうなんですね。分かりました。今後に生かしたいので、今必要ないと判断された理由を教えていただけると幸いです

価格を考えると、他に優先したいことがあるので、機会があればということで

第8章 交渉がうまくなるトーク

| 個人 | 法人 | ルート | 新規 | 有形 | 無形 |

063

Theme 1日

交渉とは何か？

　交渉とは、相手と意見を戦わせることではなく、お互いに妥協できる点を探し、合意に達することを目指して討議することです。

　企業研修やコンサルなどで、交渉について受講生の方から話を聞くと、「相手を説得させる」「有利に事を進める」というような回答が多いです。本来は、テレビや映画に出てくるネゴシエイター（利害関係のある人たちの会話で、双方の合意を目指す）のイメージなのですが、どこかで、「有利に事をすすめるために相手を説得させる」というイメージになったのかもしれません。

　一般的には、お客様の方が、立場が強いため、交渉を有利に進めることができます。この本を読んでいる方は営業や販売などに従事している方でしょう。**そのため、お客様より立場が弱い状態で交渉をしなければなりません。いかに、自分たちの要求を通していくかが、営業の腕の見せ所になります。**

　交渉は、テクニックやトークも大切ですが、気持ちや意思が勝ち負けを左右することがあります。「○○円よりは絶対に値下げしない！」「必ず、今より利益が取れるようにする！」など、目標を決めて交渉に臨むと、良い結果が生まれやすいです。

相手を説得ではなく納得させること

このかけ引きが「交渉」となる

| 個人 | 法人 | ルート | 新規 | 有形 | 無形 |

第8章
交渉がうまくなるトーク

064

Theme 1 ⟳ 日

キーマンを
見つける方法

個人向け営業の場合、夫婦のどちらが財布を握っているかなどの違いですが、法人営業の場合、キーマンに選択権がありますので、キーマンを見つけることが第一歩です。零細企業では、社長がすべての決済をすることが多いです。どれだけ社員に営業をかけても、社長と話ができなければ、商談が前に進みません。中堅規模では、担当者から上司（決裁者）へ話が進みます。

ある程度の規模になると、採用、派遣、研修、購買（調達）、開発、編集などの担当者が必ず存在します。まずは、自分が売りたい商品やサービスを扱う担当者を見つけることです。担当者は最終決裁者ではありませんが、担当者が上司へ決済を上げる権限を持っていますので、キーマンと言えます。例えば、各部署の派遣社員を採用する権限のある人に、関係のない企業研修の売込みをしても、効果はありません。企業研修を扱う部署の担当者を見つける（紹介してもらう）ことが先決になります。

最善は、零細企業なら社長、中堅企業以上なら、関係部署の担当者を紹介してもらうことです。ただ、相手との信頼関係がないと紹介は嫌がられるので、注意が必要です。新規開拓営業は、教えてもらえない可能性も高いですが、とにかく聞くしかないです。

キーマンを見つけよう！

キーマン…上司への決裁を上げる人、細かい仕様を決める人

個人顧客

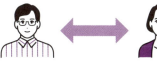

ご主人 ⇔ 奥さん　奥さんが決裁者（キーマン）とは限らない

子ども → 親　学習塾、習いごとは、親である

零細企業

社員 → 社長　零細企業は社長がすべてを握っている

中堅〜大企業

他部署の社員 → 担当社員　関係した部署の社員であること

上司 → 担当者　上司は決裁をするが、細かい仕様は担当者が決めることが多い

| 法人 | ルート | 新規 | 有形 | 無形 |

065

1 Theme 日

担当者の上司に
決済をしてもらうための
伝え方

　中堅企業以上の場合、各部署の担当者が商品やサービス選定の権限を持っています（零細企業では、社長が決裁権を握っている）。ですが、決済をするのは、その上の上司（担当者→課長→部長）、案件の金額が大きいと、担当役員（担当者→課長→部長→役員）などになります。決裁者に「YES」と言ってもらえるように、商談を進める必要があります。

　多くの営業パーソンは、目の前にいる担当者に対して一生懸命になりますが、それだけでは足りません。決済をする人の意図、気持ちを考える必要があります。

　会社の方針として予算を重要視する場合、担当者がよりよい商品やサービスを選定しようとしても、決裁者の部長がNGを出す可能性が出てきます。決裁者が考えていることもきちんと確認するようにしましょう。

　担当者を飛ばして、直接、決裁者に売り込むことはご法度ですが、担当者にお願いして、一度、顔合わせをお願いするだけでも効果は変わってきます。こちら側も、ふさわしい役職の上司に同席してもらいましょう。

決済を通すための方法

営業

（担当者とのやり取りだけ）
この内容で、ぜひ、お願いいたします

お客様

社内決済に上げますね

よろしくお願いいたします

⚠ プラス要素もなく、あとは待つだけ

⬇

決済の重要ポイントは、どのあたりにありますか？

内容が一番ですが、コストも大きなポイントです

ポイントとなる内容は、どこにありますでしょうか？

Aの部分と、Bの部分を、上司が気にしています

再度、社内で検討させてください

💡 上層部の意見も加味して提案する

| 個人 | 法人 | ルート | 新規 | 有形 | 無形 |

066

Theme 1日

あきらめない気持ちを持ったトーク

第8章 交渉がうまくなるトーク

営業活動は、あきらめない気持ちが大切です。営業パーソンのやることは、そんなに大きく差がありません。そのため、ちょっとした粘りがあるかないかで、営業成績が大きく変わってくるのです。

勘違いしないで欲しいのは、買う気がなく嫌がっているお客様宅で粘るとか、必要ないと言っている企業でなかなか帰らないというような、クレームすれすれまで粘るということではありません。

では、どうしたらいいのか。大切なポイントは、3つあります。

1つ目は、途中で、相手に厳しい顔をされても、興味なさそうな言葉が出てきても、「売れない」と勝手に決めつけないことです。相手が「必要ない」と言葉に出すまでは、判断してはいけません。

2つ目は、買うかどうか迷っている、悩んでいるお客様がいたら、相手の背中を押してあげることです。

3つ目は、商談が成立しなかったとしても、相手のせいにしたり、運のせいにしたりするのではなく、失注した理由を必ず聞くことです。「今回買わない理由」「他社に決めた理由」などを確認して次回以降に生かすのです。

あきらめない気持ちを持ったトーク

営業

一通り説明いたしましたが、いかがでしょうか？

すみません。うちには今必要なさそうです

お客様

分かりました。今後とも、よろしくお願いいたします

⚠ 断られたら、すぐあきらめる

⬇

一通り説明いたしましたが、いかがでしょうか？

すみません。うちには今必要なさそうです

そうなんですね。分かりました。今後に生かしたいので、今必要ないと判断された理由を教えていただけると幸いです

価格を考えると、他に優先したいことがあるので、機会があればということで

💡 理由を伺うことで、可能性を探ることができる

第8章 交渉がうまくなるトーク

| 個人 | 法人 | ルート | 新規 | 有形 | 無形 |

067

交渉のBATNAを持ったトーク

BATNA（Best Alternative To Negotiated Agreement）とは、交渉で合意できなかった場合の最善の代替案のことです。 最近、よく目にする用語になりました。

　例えば、最高級プランで成約したいが、値段が折り合わなかったり、そこまでの内容が必要なかったりして交渉がまとまらなかった場合、スタンダードプランを用意しておくことで、次の提案ができます。このスタンダードプランがBATNAです。

　納期が1年かかる状況で、ある車が1台しか在庫がなく、Aさんと、Bさんが販売の候補だったとします。すでに、Aさんは300万円でも欲しいと意思表示をしていたとします。次にBさんと商談するときは、300万円以上で交渉ができます。Bさんが290万円を希望していて交渉が決裂したとしても、Aさんに300万円で売ることができます。売る側がここまで強気に出られるケースは少ないですが、BATNAを持っておくだけで、営業パーソンは有利に交渉ができるようになるのです。

　ただでさえ、営業パーソンは、お客様より立場が弱いのですから、BATNAを用意しておきましょう。

BATNAを活かしたトーク

営業:今、在庫がないので300万円になります

お客様:290万円なら買ってもいいです

分かりました。上司と交渉してみます

よろしくお願いいたします

⚠ **希少価値があるのに、値引きに応じるのはもったいない**

今、在庫がないので300万円になります

290万円なら買ってもいいです

その値段では、他に希望者がいるので難しいです。お譲りしてもいいですか？

いくらなら売ってもらえるのですか？

💡 **多少、強気に交渉できる**

第8章　交渉がうまくなるトーク

個人　法人　ルート　新規　有形　無形

068 ①Theme 日

交渉の目標値（ゾーン）を決めたトーク

　交渉の目標値をもって商談に臨む場合と、目標値がない場合とでは、最終決着する値段に大きな差が出ます。**お客様が買いたい値段と、営業パーソンが売りたい値段が重なった場合、その範囲をZOPA（Zone of Possible Agreement）といいます。**

　お客様側が安くなり、営業側が高くなるのが一般的です。例えば、お客様の希望価格が12万円以下、営業パーソンの販売価格が10万円以上の場合、10万円〜12万円の範囲がZOPAとなります。営業パーソンは少しでも高め、お客様は少しでも安めを狙いますが、この範囲内で交渉が決着することになります。

　この範囲を決めずに交渉に臨むと、お客様から無茶な値引きを要求された場合、断ることをせずに、上司に相談するなどしてなるべく応じようとしてしまいます。商品やサービスを売りたい気持ちは分かりますが、必要以上に値段を下げてまで売る必要はあるのでしょうか。

　営業パーソンは、この値段以下なら売らないなどの範囲を決めて交渉に臨むことです。ZOPAを決めると、無茶な要求に対して断ることができるようになります。

ZOPAの図

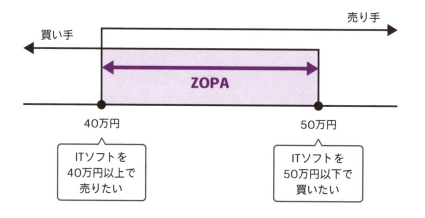

買いたい値段、売りたい値段が重なっており、その範囲がZOPAとなる

ZOPAがない図

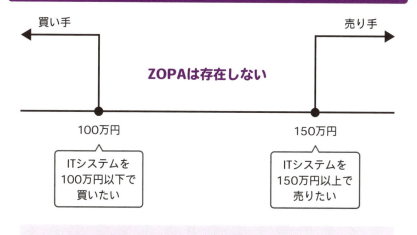

買いたい値段、売りたい値段が重なっていないので、商談にならない

| 個人 | 法人 | ルート | 新規 | 有形 | 無形 |

069

Theme 1 日

データや
科学的根拠を用いて
論理的に示す

第8章
交渉がうまくなるトーク

　企業研修で、営業の人、工場の現場の人、エンジニアの人など、様々な人にお会いしますが、営業パーソンが一番、論理的思考が欠けています。工場の現場では、工作機械に、完成品が出来あがるよう細かくデータを入力します。これを間違えると、製品が出来上がりません。エンジニアはすべて数字にして示します。寸法設計を間違えると、仕様に合わない製品を生産することになり、大問題となります。

　なぜだか、営業パーソンは、言ったことが間違っていても、あとから訂正ができてしまいます。お客様とのやり取りを、あえてグレー（ハッキリ決めていない）な状態にすることもあります。言葉で説得すれば何とかなると思っている人もいます。

　現代の営業は、お客様に対して、きちんとデータに基づいた説明をしないと信用を失います。自社調べではなく、第三者のデータや科学的な根拠があると、さらにいいでしょう。「他の人も使っています」とか、「売れています」のような表現ではなく、どの業者が、何を調べ、どのような回答なのかが分かるきちんとしたデータです。自社調べほど、当てにならないことはありません。

科学的根拠を示したトーク

営業:「一通り説明いたしましたが、いかがでしょうか？」

お客様:「○○の部分、本当なんですか？」

「お客様や社内スタッフからの意見でございます」

「そうですか・・（少し不安）」

⚠ **都合の良いデータにしか見えない**

⬇

「一通り説明いたしましたが、いかがでしょうか？」

「○○の部分、本当なんですか？」

「○○という会社に集計をお願いし、実際に、○○○名からアンケートに答えていただいたデータになります」

「なるほど。分かりました」

💡 **データの根拠をきちんと示す**

| 個人 | 法人 | ルート | 新規 | 有形 | 無形 |

第8章 交渉がうまくなるトーク

070 ①Theme 1日

感情を揺さぶる交渉トーク

　昔、よく使われていた営業手法です。要するに、感情に訴えるということです。

　よくあるのが「今月の売り上げがないので、何とか注文をもらえませんか？」と、泣きつくパターン。取引先の社長に聞くと、まだいるそうです。仲の良い人ならいいですが、まだ、関係が浅い人にお願いをしてしまうと、非常に印象を悪くします。仲の良い人にお願いをしたとしても、必ず、注文がもらえるわけではありません。

　お客様が購入するかどうか迷っているときに、**できる営業パーソンは「ぜひ、一緒にやりましょう！」とか、「これを機会に自動化を進めましょう！」などと、相手をその気にさせるトークを投げかけます。**

　このような言葉が苦手な営業パーソンは、「何とかお願いします！」とか、「私を助けると思って何とか！」などと、泣きつく言葉を使います。

　営業パーソンのキャラにもよりますので、後者のパターンで仕事を取ってくる人もいますが、できれば、前者のパターンを使いたいものです。

注文を迷っているお客様へのトーク

営業

一通り説明いたしましたが、いかがでしょうか？

お客様

んー、まだ決めきれていないんです

そこを何とかお願いします！
（頭を下げる）

（人は良さそうだけど・・）んー、どうしようかなー

⚠ 自分の都合を押し付けている感じがある

一通り説明いたしましたが、いかがでしょうか？

んー、まだ決めきれていないんです

これを機会に、社内の自動化を進めましょう。私にお任せください！

（この人に期待してみるか・・）そうですよね

💡 きちんと背中を押してあげる

個人　法人　ルート　　　有形　無形

071

第8章
交渉がうまくなるトーク

①Theme 1日

NO！と
ハッキリ断る勇気

　営業パーソンは、常に、売上が欲しいですし、お客様が買ってくれるのであれば、他社を検討する前に、多少の値引きに応じて、成約させてしまいたいと考えます。値引きは、会社の方針もありますので、ケースバイケースになりますが、利益を重視するのであれば、慎重に考える必要があります。

　個人向けでは、無茶苦茶な値引きを要求してくる人がいます。法人向けは、常に、値段にはシビアですが、足元を見られて、相手がめちゃくちゃ強気になり、とんでもない値段を要求してくることがあります。

　ネットへの書き込みを恐れたり、今後の取引を期待したりして、相手の要求を受け入れてしまいそうになりますが、**時には、営業パーソンが強気に出ることも必要です。「断る勇気」です。立場が弱い営業パーソンが、何でもお客様の言う通りに受け入れる必要はないと思っています。**

　私の経験からですが、ハッキリと断ると、相手がビックリして譲歩してくれることも多いです。「譲歩するなら無茶な要求をするな！」と思いますが、困っているのは売る側だけではないのかもしれませんね。

168

断る勇気を持つ

営業:今説明した、このサービスは〇〇万円になります。いかがでしょうか？

お客様:予算の関係で、あと10万円は値引きが欲しいです

営業:（売りたいので）分かりました。上司と交渉してみます

お客様:よろしくお願いいたします

⚠ 値引きに応じる前提となっている

営業:今説明した、このサービスは〇〇万円になります。いかがでしょうか？

お客様:予算の関係で、あと10万円は値引きが欲しいです

営業:（利益が出ないので）10万円の値引きは難しいです。もし、10万円の値引きを希望されるなら、今回は、なかったことにしたいと存じます

お客様:いや、いや、ちょっと待ってください！社内で予算を検討しますので、時間をください

💡 このケース、半分くらい値引きなしで成約できる

コラム
8

アポなしで伺ったら
大目玉

　法人に営業する場合は、基本的にアポが必要なのですが、家電量販店、ガソリンスタンド（サービスステーション）、書店など、店舗へ行く場合は、アポは必要のないケースが多いです。

　今はだいぶ少なくなりましたが、大手の工場へ営業する場合、購買部（調達部）は、目に見える場所にあり、信頼関係ができていればアポなしで、その場でお呼びすることが可能でした。新規開拓に関連した営業をしている方も、アポ取りに慣れていない人が多いです。

　このようなことに慣れてしまうと、営業はアポがいらないと勘違いしてしまうことが出てきます。私も、そのように勘違いしている時期がありました。

　ある会社で、先方の会社に入ってから内線で呼んだことがあります。あまり、そのお客様と関係ができていないこともありましたが、大激怒されてしまいました。「アポなしで来ないでくれ！こちらも予定がある」とのことでした。その当時は、たいした取引もなく、たいした会社規模でもないのに、「偉そうな態度で、もっと言い方があるだろー！」と怒っていましたが、今となっては、すごく気持ちが分かります。

　営業をお迎えする立場になりましたが、事前にひと言あればお会いしていた人でも、直接、アポなしで訪問されてしまうと、機嫌よくお迎えすることができません。自分の予定がすべて狂ってしまいます。

　直接、訪問した方がお会いできる確率が高いという考え方もありますが、相手を尊重するのであれば、簡単でもいいので、アポを取るべきでしょう。

第9章

応酬話法を使ったトーク、切り返しトーク

 英会話入会の相談をいただき、ありがとうございます

毎月の費用を抑えながら、成果を出したいです

 分かりました。なるべく○○さんの予算に合う方法を考えてみたいと思います

それは助かります

| 個人 | 法人 | ルート | 新規 | 有形 | 無形 |

072

Theme 1日

応酬話法、
切り返しトークの効果

応酬話法とは、お客様の反応に対して、営業パーソンがうまく切り返しをしていく話法（テクニック）です。特に、個人向け営業に向いています。

クロージングをきっちりするかしないかで、売上が変わる実力主義色が強い営業、お店に来客を促してそこで売る営業、チラシや新聞広告などからの反響を待つ営業、電話で営業をかける分野などでよく使われる手法です。例えば、テレアポ、電話営業、学習塾、サロン、エステ、生命保険、住宅、自動車、リフォーム、外壁塗装などです。携帯ショップや、店員が少なくなってしまいましたが、家電量販店でも使われています。

法人営業でも、ホームページ、広告宣伝、ITソフト、コピー機やビジネスフォン、○○代行、オンライン研修教材など、新規開拓が必要な分野ではマスターしておく必要があるでしょう。

既存取引先と長い付き合いをしていくルート営業や、超大企業向けの営業には向いていません。信頼がある会社と取引をし、表面のキャッチコピーには惑わされず、本当に価値があるかどうかで判断が行われるからです。

応酬話法が使える例

個人向け

学習塾

語学教室

エステ

生命保険

住宅

自動車（新車・中古車）

リフォーム

外壁塗装

法人向け

ホームページ

ソフトウェア・アプリ

コピー機

広告関連

第9章 応酬話法を使ったトーク、切り返しトーク

| 個人 | 法人 | ルート | 新規 | 有形 | 無形 |

073

Theme 1日

質問を重ねながら課題やニーズを聞き出す（質問話法）

お客様に対して、何度か質問を投げかけながら、悩んでいること、困っていること、解決したいことなどを聞き出し、お客様の本音を探る話法です。 お客様との序盤のやり取りでよく使います。多くの営業パーソンは、お客様の裏に隠れた本音（ニーズ）を引き出すことなく、ひと言、ふた言、聞いただけで営業トークを開始してしまいます。それでは、お客様の本当のニーズをつかんだとは言えません。

　個人向け営業は、法人営業と違って、お客様とお会いできる回数は限られています。そのため、初期の段階でのヒアリングの良し悪しが、その先の営業に大きく影響してしまうのです。営業パーソンにとって「質問」は、とても大切です。第4章の「情報をヒアリングするためのトーク」を参考にしながら、お客様のニーズを聞き出しましょう。

　法人営業は、短期間で成約できることは少ないです。時間をかけてお客様との関係を構築しながら、ヒアリングしていきます。質問話法を使う場面は少ないかもしれません。

　営業で大切なのは、営業パーソンが話したいことを説明するのではなく、お客様のニーズに合ったものを説明することです。

質問話法

営業

新しい車への買い替えを検討しているとのことですが、困っていることはありますか？

燃費が悪いので、燃費のいい車が欲しいです

お客様

それならハイブリッド車がよさそうですね

ちょっと高くないですか？

⚠ まだ、ヒアリングが足りない

新しい車への買い替えを検討しているとのことですが、困っていることはありますか？

燃費が悪いので、燃費のいい車が欲しいです

他にもありますか？

子どもが小さいのでスライドドアがいいです

他はどうですか？

大きな車でなくていいです

💡 いろいろなニーズを聞き出せる

個人 法人　　新規 有形 無形

第9章　応酬話法を使ったトーク、切り返しトーク

074

① Theme 日

マイナスの発言を
ポジティブに変換する
（ブーメラン話法）

　お客様のマイナスな発言を逆手にとって、言葉を言いかえ、プラスのイメージに変える手法です。いろいろな営業で使われますが、個人向け営業、新規開拓営業、電話営業などで多用されています。

　仕事場にかかってくる電話、自宅にかかってくる電話に出たとき、強く断るとだいたい反論されませんが、弱く断ると、たいてい、このブーメラン話法に切り替えてきます。「今はいらないです」「知り合いがいるから結構です」みたいな断り方をすると、「みなさん、そうおっしゃるんですよ。実は……」という感じで切り替えてきます。よく鍛えられているなと感心します。

　視点の位置をずらし、違う視点から物事を見てもらうときに、この手法は役立ちます。本当に必要ないと思っている相手に使うと、かなり厳しい言葉が返ってきますので、使い方には注意しましょう。

　法人向けでは、あまり使わないテクニックです。お客様と長きにわたって取引が続いているような関係であれば、ブーメラン話法を使う機会はほとんどないでしょう。

ブーメラン話法

営業

壁の塗装が剥げているので、そろそろ外壁塗装をした方がいいかと

今、お金がないので、特に必要ないです

お客様

弊社の塗装は、特別なコーティングのため、長持ちするようにできています

だから、いらないんだけど

⚠ 製品の案内が早すぎる

↓

壁の塗装が剥げているので、そろそろ外壁塗装をした方がいいかと

今、お金がないので、特に必要ないです

理由は分かりました。あと何年かして、雨漏りをするようになってからですと、さらに費用がかさみますよ

まあ、確かに

💡 マイナス発言を逆手に取っている

個人 法人 　 新規 有形 無形

第9章
応酬話法を使ったトーク、切り返しトーク

075

Theme 1日

相手の意見を
受け止めてから反論する
（イエスバット話法）

相手の意見を受け止めてから、反論する手法です。受け止めて（YES）、反論(But)するため、イエスバット法と言われています。

　いきなり反論したくなるときもありますが、反論されていい気分になる人はいません。そのため、いったん「あなたの気持ちも分かりますよ」と受け止めるのです。受け止めてもらうと、誰でも安心します。お客様に安心感を与えながら、自分のフィールドに持っていく手法なのです。

　これは、お客様の意見だけではなく、親が子を受け止める、上司が部下を受け止めるときも、いきなり反論（否定）するのではなく、まず、受け入れることで、反論しやすくしています。

　個人向けセールスで、よく使われる手法ですが、関係ができたお客様と取引をする法人営業では、このようなテクニックを使わなくても、十分、注文が取れます。

　一度、YESと受け止めているものの、BUTと反論をしていることには変わりがありません。強気なトークに自信があればいいですが、あまり度胸がない人は、076で説明をするイエスアンド法を使った方がいいでしょう。

178

イエスバット法

営業

その後、お子様の学習塾は決まりましたでしょうか？

お客様

御社は少し高いので、他社に決めようと思っています

マンツーマンのため、講師にもお金をかけています。50分の時間はすべて○○さん（お子さん）の時間になりますので、指導する時間を考えれば決して高くないですよ

そう言われてもなー

⚠ **反論がいきなりすぎる**

⬇

その後、お子様の学習塾は決まりましたでしょうか？

御社は少し高いので、他社に決めようと思っています

確かに高いですよね。しかし、マンツーマンのため、講師にもお金をかけています。50分の時間はすべて○○さん（お子さん）の時間になりますので、指導する時間を考えれば決して高くないですよ

まあ、確かに

💡 **いったん受け止めている**

179

個人 **法人** 新規 有形 無形

076 ①Theme 日

相手の意見を
受け止めた後に詳しい説明
(イエスアンド話法)

第9章 応酬話法を使ったトーク、切り返しトーク

　相手の意見を受け止めた後、反論するのではなく、受け止めながら（Yes）、さらに説明（and）を続けるため、イエスアンド法と言われています。 イエスバット法に比べ、反論しないため、とてもスムーズでやわらかな印象になります。

　強いトークに自信がある方は身につけなくていいのですが、強いトークが苦手に感じる方は、イエスバット法ではなく、イエスアンド法を試してみることをおススメします。

　私も、イエスバット法はほとんど使わず、イエスアンド法を多用しています。どちらのトーク手法も、文字に起こしてみるとそんなに変わらないのですが、反論するイエスバット法は、使う側の覚悟が必要です。

　この報酬話法であれば、営業が苦手に感じる人でも、使いこなせるはずです。必ずしも、お客様をコントロールしようとしなくても大丈夫だということです。

　非常に使いやすい話法のため、いつでも使いこなせるように日頃から練習をしておきましょう。個人的には、一番大好きな応酬話法になります。

180

イエスアンド法

営業

その後、お子様の学習塾は決まりましたでしょうか？

御社は少し高いので、他社に決めようと思っています

お客様

50分の時間はすべて○○さん（お子さん）の時間になりますので、指導する時間を考えれば決して高くないですよ

そう言われてもなー

⚠ 説明がいきなりすぎる

その後、お子様の学習塾は決まりましたでしょうか？

御社は少し高いので、他社に決めようと思っています

確かに高いですよね。その理由は、○○さん（お子さん）に指導する時間が長いからなんです。50分の時間はすべて○○さん（お子さん）の時間になります

まあ、確かに

💡 受け止めた後、説明を加えている

第9章 応酬話法を使ったトーク、切り返しトーク

個人　法人　　新規　有形　無形

077

Theme 1日

相手の気持ちに寄り添いながらすすめる（寄り添い話法）

　相手の気持ちに寄り添いながら、一緒に考えていき、その気にさせる営業手法です。

　個人のお客様が、何らかの悩みを持ち、相談に訪れたときに効果を発揮します。例えば、痩せたいと思っている人がジムに来た場合、きれいになりたいと思っている女性がエステに来た場合、英会話で上達したい人や資格試験で合格したいと思っている人が教室に来た場合などが当てはまります。冷蔵庫が壊れて家電量販店に来た場合、ガス機器が壊れてショールームに来た場合などもあるでしょう。

　法人の場合であれば、コンサルタントが売上低迷で困っている企業の相談に乗るとき、人材不足で困っている会社の相談に乗るときなど、本当に困っている状態が考えられます。企業の困りごとを解決する仕事に向いている手法です。

　そんなときに、親身になって話を聞きながら、お客様の悩みや課題を引き出します。ヒアリングをするときに役立つ手法です。お客様が心から困っているときに役立つ手法で、そうでないときは、普通に対応しましょう。

寄り添い話法

営業

英会話入会の相談をいただき、ありがとうございます

なるべく予算をかけずに、成果を出したいです

お客様

ちなみに、予算は、いくら位でしょうか？

月〇万円以内にしたいです

⚠ 本題への誘導が早すぎる

英会話入会の相談をいただき、ありがとうございます

毎月の費用を抑えながら、成果を出したいです

分かりました。なるべく〇〇さんの予算に合う方法を考えてみたいと思います

それは助かります

💡 親身になって対応している

第9章 応酬話法を使ったトーク、切り返しトーク

個人　法人　　新規　有形　無形

078

例え話を使って購入した後を想像してもらう（例話法）

　例え話を使いながら、商品やサービスを契約した後の状態を想像してもらう手法です。 未来の状態、何かを手に入れた状態をお客様にイメージしてもらうことは、売るためにとても効果があります。

　何らかの目標を立て、目標を達成するためには、目標が達された状態をイメージすることが重要です。スポーツで記録を作る、1位を取る、資格試験に受かる、模試で偏差値○○になる、○○企業に入るなどをイメージすることで、目標に近づくことができます。イメージの力はすごいのです。

　例え話によって、お客様が商品やサービスを購入した状態が、ありありとイメージできれば、購買意欲が高まり、成約につながる可能性が出てきます。全く興味がない人にイメージをさせても意味がないですが、少しでも興味がある人であれば、手に入れたくなる気持ちが出てきます。

　営業パーソンの言葉の投げかけも重要ですので、上手にお客様を導きましょう。最後のクロージング場面で使われることが多いです。お客様を前向きに導くことができます。

例話法

営業

一軒家を検討されているとのことですが、具体的に何か決まっていますか？

お客様

数年先には、賃貸から変わりたいなと思っています

具体的にはいつくらいですか？

3年以内ですかね

⚠ 詳細を聞くのもいいが、まだ、早すぎる

一軒家を検討されているとのことですが、具体的に何か決まっていますか？

数年先には、賃貸から変わりたいなと思っています

一軒家に住むと、どんな生活が待っていそうですか？

隣や下の階を気にせずに済みそうです

いいですねー。他には、何か浮かびますか？

💡 例え話で未来を想像してもらう

第9章 応酬話法を使ったトーク、切り返しトーク

個人 　法人　　　新規　有形　無形

079

都合の悪い話を聞き流す（聞き流し話法）

　顧客の「考える」「検討する」などのマイナス意見を聞き流して、別の話題に切り替える手法です。

　その他には、「お客様が同じ事ばかり言っている」「相手の自慢話が長い」などのときに、話題を変える手法として使えます。相手の話を聞くことが仕事とはいえ、営業パーソンがうんざりするほどの内容では、時間が取られるばかりです。

　営業パーソンは、お客様の話を聞くのが仕事ですが、なかには、おしゃべり好きの方がいらっしゃいます。自慢であったり、悪口であったりと、あまり営業には関係なさそうな話題になったときの受け流しにも使えます。

　お客様の話を否定したり、反論したりすると、機嫌を損ねる人がいます。「検討します」などと言う言葉で、その場を逃げようとする人もいます。そのような人向けに効果を発揮する手法なのですが、あまり多用しすぎると、「話を聞いてくれない」「無視された」とマイナスイメージを与える可能性も出てきます。

　この話法は、1回の商談（45分くらい）の中で、1〜2回にとどめておいた方がいいでしょう。

聞き流し話法

営業: 学資保険について説明いたしましたが、いかがでしょうか？

お客様: 家族と相談して、検討します

営業: 分かりました。また、結果を聞かせてください

お客様: はい、分かりました

⚠ **たいてい、連絡は来ない**

学資保険について説明いたしましたが、いかがでしょうか？

家族と相談して、検討します

そういえば、がん保険も変更を検討しているとのことですが、今は、会社どちらですか？

○○生命です

💡 **あえて、話題を変えている**

第9章 応酬話法を使ったトーク、切り返しトーク

| 個人 | 法人 | ルート | 新規 | 有形 | 無形 |

080

1 Theme 日

話が行き詰ったときに資料を見せ会話を続ける（資料活用法）

資料活用法とは、話が行き詰まったときに、資料を見せて会話を続ける資料転換話法のことです。 話をする内容に困ったとき、すぐに出せる資料を用意しておきましょう。ただ、話が行き詰まらなくても、説明を補足するために、資料を見せながら会話することもあります。資料を活用するのは、必ずしも、話に行き詰まったときだけではありません。

資料を活用することで、具体的な数字をデータで示せますし、詳細内容が図になっているので非常に分かりやすくなります。また、資料を見せながら説明した後、お客様が考えている（説明内容を頭の中で理解しようとしたり、自分に当てはめたりする）ことも多いので、その間に、営業パーソンが次の展開を考えることができます。

個人向け営業の場合、保険、住宅、自動車など、会社が分かりやすい資料を用意してくれています。リフォームや外壁塗装などでは、過去に施工した事例などが用意されています。その資料を使わない手はありません。

法人向け営業の場合は、お客様と会って間もないとき、会社概要、会社の実績などを見せるときに使えます。

資料活用法

営業

学資保険は、お子さんの将来のためにかけておくといいですよ

これ以上、保険はいらないかなと思っています（沈黙）

お客様

そうなんですね。差し支えなければ理由を教えてください

結婚したばかりでお金がないし・・・

⚠ これ以上、展開しづらい雰囲気に

⬇

学資保険は、お子さんの将来のためにかけておくといいですよ

これ以上、保険はいらないかなと思っています（沈黙）

そうなんですね。こちらの資料で説明だけさせてください

内容は分かりました

💡 資料を見せるなどして話を展開する

コラム 9

購買担当者の要望価格をのめず断ったら、罵声と机をひっくり返される

　みなさんが知っている超大手メーカーの中にも、優しい言葉なんですが厳しい要求をしてくる会社、初めから超上から目線の会社など、苦労する会社が多いです。

　さらに、この業界独特の習慣があります。それは、取引が続けば続くほど、毎年、強制的に値下げを要求される「コストダウン」という儀式です。

　超大手メーカーの言い分は、「コストダウンを要求することにより、納入企業は製造工程を見直し、原価を下げる努力をすることで成長できる」という理由です。確かに、納入企業が努力をすることで、原価を下げることができますが、結局、さらに下請けの会社が、このコストカットを被ることになります。末端の会社が苦労するだけです。

　取引数量が多いと、コストダウンを断ることでシェアが下がる可能性があります（他社に切り替えられてしまうため）。それを避けるために、仕方なく値下げに応じるのですが、あまり取引がない会社に値下げを要求されても、いい迷惑です。そのようなことから、一度、断ったことがあります。

　そうしたら、すごい剣幕で怒られ、罵声を浴びせられたことがあります。プライドが傷つけられたのでしょう。超大手企業は、他の取引先もたくさん営業に来るため、日々、他社に取られないよう格闘している日々です。

第10章

テストクロージング、クロージングのトーク

このリフォーム金額になりますが、いかがでしょうか

他社にも聞いてみようと思っています

もう他社とお約束しているのですか？

いえ、まだこれからです

今、職人が確保できず、返事が遅くなると、リフォームする日が、だいぶ遅くなってしまいます。せっかくなら、きれいにする日が早い方がいいと思うのです

そうなんですか。どうしようかな

第10章 テストクロージング、クロージングのトーク

個人　法人　ルート　新規　有形　無形

081 ①Theme 1日

ヒューリスティック処理とシステマティック処理について

　心理学用語で、「ヒューリスティック処理」と「システマティック処理」という言葉があります。

　「ヒューリスティック処理」とは、ごく簡単に入手できる情報のみで判断することです。例えば、冷蔵庫が壊れてすぐ買いたいとき、詳細にメーカーや値段を調べることなく、店員さんに勧められるままに購入するのではないでしょうか。店員さんからの情報（手がかり）のみで判断することになります。時間がない、焦っているときなどに、この状態になりやすいです。コンビニでお茶を買うなど、迷う必要がないときも素早く直感で処理します。

　「システマティック処理」とは、情報をより深く吟味し、判断します。家電量販店に冷蔵庫を買いに行くとき、店員さんからの情報だけでは判断せず、ネットにあるレビューを見たり、価格コムなどで価格を調べたりして判断することです。すぐに判断できない高額商品を買うとき、時間があるとき、余裕があるときなどは、こちらの状態になりやすいです。

　営業パーソンは、状況によって、お客様をどちらに導くか考える必要があります。この2つを上手に使い分けると、商品が売れるようになります。

ヒューリスティック

パスタ

ラーメン

牛丼

今日はパスタ

直感で決める！

システマティック

・大容量
・省エネ

・価格
・野菜室が上

どうしよう…
悩むなぁ

いろいろ調べて比較！

第10章 テストクロージング、クロージングのトーク

個人　法人　　　新規　有形　無形

082 ①Theme 日

深く物事を考えさせずに説得する（ヒューリスティック処理）

物事を深く考えさせず、なるべく即決に近い形で相手に判断させる方法は、個人向けの営業に向いています。 テレアポによる営業、本来なら今いるかどうか、必要かどうか分からないけど、今、買うように説得する営業などです。

他社と比較対象が少ない、もしくは、比較してもよく分からない、リフォーム、生命保険、学習教材、高額セミナーなどです。比較対象があったとしても、比較する前に決めてもらう、自動車、成人式の着物、買い取り業者などがあります。

今、「決めてもらえるなら○○円にします」「明日になると、在庫があるかどうか分かりません」「キャンペーンは、あと●日で終わります」「他に興味を持っている人がいるので、数日後は保証できないです」などと言って、すぐに決めるよう仕向けるのです。

もし、「持ち帰って検討します」と言われると、他社と比較したり、詳しい人に聞いたりして、「提示した条件が、お得ではなかった」とか、「別に今買う必要ないよね」となり、購入する確率が減ってしまいます。個人向けは、勢いや感情で購入することが多いです。

問い合わせがあった人へのリフォーム営業

営業

このリフォーム金額になりますが、いかがでしょうか

他社にも聞いてみようと思っています
お客様

もう他社とお約束しているのですか？

いえ、まだこれからです

分かりました。比較してから連絡ください

ありがとうございます

⚠ **このパターンでは売れる確率がかなり減る**

このリフォーム金額になりますが、いかがでしょうか

他社にも聞いてみようと思っています

もう他社とお約束しているのですか？

いえ、まだこれからです

今、職人が確保できず、返事が遅くなると、リフォームする日が、だいぶ遅くなってしまいます。せっかくなら、きれいにする日が早い方がいいと思うのです

そうなんですか。どうしようかな

💡 **不安材料をつぶしながら、即決に近い形に持っていくのが理想**

個人　法人　ルート　新規　有形　無形

083

第10章

テストクロージング、クロージングのトーク

1 Theme 日

内容を深く考え検討させる（システマティック処理）

　法人営業は、勢いや感情で買うことは少なく、「今必要かどうか」「コスト面はどうか」「ビジネスに良い影響を与えるのか」などが詳しく精査されます。零細企業は、社長の一存ということもありますが、ある程度の規模の企業であれば、担当者、課長、部長（決裁者）など、段階的にチェックされます。より深く吟味されることが当たり前となっています。

　個人向け営業で活躍した人が、法人営業の世界にやってくると、「勢いで売れない」「期間限定などが効果ない」「決済まで時間がかかる」「詳細な資料を求められる」などで苦労することが多いようです。

　法人営業は、きちんと説明して、相手に理解してもらった上で購入してもらうという考え方が当たり前になります。新規営業、無形商材などは、多少の勢いで押せる部分もありますが、大手企業、有形商材などは、データ、仕様、品質などにものすごくシビアです。きちんと説明する能力、データを用意する能力、相手が求めているものを察知する能力など、個人向け営業とは別の能力が求められます。

問い合わせがあった大手企業への法人営業

営業

（一通り説明した後）
今回紹介する測定器、いかがでしょうか？

お客様

他社の話も聞いてみようと思っています

安くできるキャンペーンは、今月末までになります

そうですか。分かりました。また、連絡します

連絡お待ちしております

⚠ キャンペーンなどよりも、どう役立つかを知りたい。営業側はもっと情報が欲しい

（一通り説明した後）
今回紹介する測定器、いかがでしょうか？

他社の話も聞いてみようと思っています

ちなみに、どちらの製品を検討されているんですか？

A社の○○という製品です

なるほど。一番こだわっている点は、どこになりますか？

この機能の測定精度と価格です

次回、測定精度を示すデータをお持ちさせてください

分かりました

💡 お客様の求めている点が分かり、次回提案につなげられた

個人　法人　ルート　新規　有形　無形

084 ①Theme 1日

買う人を見極めるトーク

第10章 テストクロージング、クロージングのトーク

　営業の経験を積むと、相手の表情や言動によって、買うか買わないかの判断ができるようになります。ただ、買うと思っていたお客様が買わない、買わないと思っていたお客様が買うということが、ときどき起こります。

　一番やってはいけないことは、買わないと思っていたお客様が、実は、購入の意思があり、知らない間に他製品やサービスを購入していたということです。これだけは、避けなければいけません。営業パーソンにとって痛いミスになります。

　法人営業の場合、長い付き合いがあり、注文するものがある程度、決まっている場合を除くと、零細企業の経営者でもない限り、その場で即決することは少ないです。まずは、「興味があるか？」「決裁者に上げてくれるか？」などを確認する必要があります。

　購入の意思は、表情や言動だけではなく、言葉で確認しなければなりません。大切なのでもう一度お伝えしますが、「言葉で確認」するということです。雰囲気だけの判断では８０％くらいしか当たりません。残りの２０％は、雰囲気では読み取れないのです。営業に慣れてきたときに陥りやすい罠です。

商談中の問いかけ

営業

（一通り説明した後）
話を聞いてみて、疑問点などありますか？

そうですね。内容は理解できましたので大丈夫です！

お客様

分からないところがあれば、いつでも聞いてください

ありがとうございます。また、連絡します

⚠ 説明の疑問点を聞いている

（一通り説明した後）
この商品、興味ございますか？

そうですね。ちなみに、値段はいくらになりますか？

見積書を用意しますね

はい、お願いします！

💡 興味がある人は、納期、在庫、値段を聞いてくる

第10章 テストクロージング、クロージングのトーク

| 個人 | 法人 | ルート | 新規 | 有形 | 無形 |

085

(1 Theme / 日)

買わない人を見極める
トーク

　営業において、買わない人を見つけることは、非常に重要です。**そもそも、買う気のある人は、誰が担当しても売れます。買う気のない人は、誰が担当しても売れません。**営業ができない人は、買う気のない人に対して、買ってもらうために一生懸命説明し、何度も何度も会っていることです。要するに、無駄な時間を使っています。

　特に、個人向け営業は、数をこなさないといけないため、買わない人を見つけ、早々に、お客様リストから除外することです。「あいまい」な返事をする人より、「ハッキリと断ってくれる人」の方が貴重なのです。

　法人営業では、今、必要がなかったとしても、その後、必要性が出てきて、急に買ってくれるなんてことが起こります。買う気があるかないかよりも、その企業にとって、需要があることなのか、需要がないことなのかを見極める必要があります。他社からの切り替えを狙う場合、よほど、今取引している企業に不満がないと、すぐに切り替えてはくれません。

　ですが、切り替えのタイミングは、急にやってきます。そこの見極めが大切です。

商談中の問いかけ

営業

（一通り説明した後）
話を聞いてみて、疑問点などありますか？

お客様

そうですね。詳しいパンフレットが欲しいです

こちらになります

ありがとうございます

⚠ **パンフレットは買うか買わないか判断できない**

（一通り説明した後）
この商品、興味ございますか？

今は、必要ないかなと思いました

ちなみに、1年以内に買う確率は何％ありますか？

そうですね、5％くらいですかね

ありがとうございます。その時は、またお願いします！

💡 **買わない理由をハッキリさせ、営業リストから除外する**

第10章 テストクロージング、クロージングのトーク

`個人` `法人`　　`新規` `有形` `無形`

086

購入を迷っている人を見極めるトーク

　営業パーソンの売り上げ数字で差がつくのは、購入を迷っている人に対して、いかに商品やサービスを売ることができるかどうかです。この部分が営業力だと言うことができます。

　買う気のない人、買う気のある人への対処は、前項目で説明してきました。まず、買う気があるか、買う気がないのかを見極めます。その次に、購入を迷っている人を探します。

　残念ながら、購入を迷っている人を、買う気のない人に位置付け、あまり深追いしない人がいます。これは、非常にもったいないです。

　一番難しいのが、購入を迷っている人の中で、「購入を迷っているけど買う度合いが高い」「購入を迷っているけど買う度合いが低い」の2つを見極めることです。「購入を迷っているけど買う度合いが高い」とは、「強く押せば買う可能性がある」「今すぐ必要ではないが、担当者を信用して買う可能性がある」「疑問点を解決すれば買う可能性がある」と言いかえることができます。

　購入を迷っている人に、きちんと対処できるようになると、営業のレベルが上がるようになります。

商談中の問いかけ

営業

（一通り説明した後）
話を聞いてみて、疑問点などありますか？

カタログをもらって自宅で考えます
お客様

分かりました

ありがとうございます

⚠ 後で考えると言われると、買うか買わないか判断できない

（一通り説明した後）
この商品、興味ございますか？

今は、必要ないかなと思いました

ちなみに、1年以内に買う確率は何％ありますか？

そうですね、30％くらいですかね

ちなみに、30％の理由を教えてください

💡 30％もあるということは、今、買う可能性もあるかも

第10章 テストクロージング、クロージングのトーク

個人 **法人** 新規 有形 無形

087

少し押し気味に購入を促す

　営業活動において、押しが弱い人より、押しが強い人の方が、売れる確率は上がるでしょう。個人向け営業は、お客様と会う回数が限られているため、押しが強い人の方が若干有利です。法人向け営業は、押しが強いと嫌われることもあるので、押しの強さだけでは判断できません。

　ただ、押しの強い弱いは、性格的な要素も大きく、急に変えられるものではありません。こんな本を書いている私ですが押しが強い方ではなく、押しが強い部分が30％、押しが弱い部分が70％で、得意な場面でしか押しの強さを発揮できません。「もっと強く押してくれたら買うのに！」と何度も言われたことがあるくらいです。

　これは、人それぞれの営業スタイルなので、問題ありません。**押しが弱めな人は、クロージングの場面になる前に、買いたくなるような仕掛けや、強固な信頼関係を作っておくことで、いくらでも挽回できます。**

　状況によっては、少しだけ背中を押してあげた方が、購入につながるケースもあるので、トークだけ学んでおけば大丈夫でしょう。

商談中の問いかけ

営業

（一通り説明した後）
この商品、興味ございますか？

お客様

興味はあるのですが、資金的に難しいです

資金的に厳しいと、困りますよね。いつ頃なら買えそうですか？

当分、難しいかもしれません

そうですか

⚠ 興味があるので、背中を押したら、もっと前向きになったかもしれない

（一通り説明した後）
この商品、興味ございますか？

興味はあるのですが、資金的に難しいです

資金だけが問題なら、3分割もできますよ。興味があるということなので、あの時、買えばよかったと後悔するのもつらいじゃないですか

そう言われると、そんな気もします

💡 ちょっと強気に押してみるのも1つ

コラム
10

キーマンを怒らせると
大変なことになる

　電子部品の営業は、トヨタ系などの自動車部品メーカー、ソニーやパナソニックなどの家電メーカーは、エンジニアが部品を設計するため、自社のどの製品なら採用してもらえそうかをヒアリングし提案する必要があります。

　その次に、購買（調達）が仕入れ先を選定するため、この2部署がメインの営業先となります。それ以外にも、直接は売上に影響しないですが、納期が間に合わないときにやり取りをする生産管理、不良が起きたときにやり取りをする品質管理なども重要になってきます。今回、やらかした部署は、実装部と言い、簡単に言えば、自動ではんだ付けをするのを管理する部署です。

　同じ電子部品でも、半導体のように規格が決まっていれば問題ないのですが、私が扱っていたコネクタは、すべて形が違うため、はんだ付けする機械が自動認識できるかなどを話し合わなければなりません。この問題がクリアにできないと、製品が作れないからです。いつもやり取りをする先方の責任者がいたのですが、自社のエンジニアから、書類に名前があった人にデータの理由を確認して欲しい（責任者の名前がなかったため）との依頼がありました。

　いまいち、お客様の組織が分かっていなかった私は、書類に名前があった人に電話をしました。その後、責任者から電話があり「あなたは、なぜ、私を飛ばすの？」「外部とやり取りをしていないスタッフから詳細を聞き出そうとした考え方が気に入らない！」と、かなり激怒されました。それ以来、怖くて、半年間アポが取れませんでした。

　お客様先で、話す順番を間違えてはいけませんね。

第11章

二度手間にならないトーク

ご質問いただいた内容は、なるべく早く回答したいのですが、調べる時間もあるため、いつまでなら大丈夫でしょうか？

2日くらいでお願いしたいです

2日後の15日（水）15時までに連絡します。いかがでしょうか？

はい、それでお願いします

| 個人 | 法人 | ルート | 新規 | 有形 | 無形 |

088

1日 Theme

生産性を上げ、効率よく仕事をするためのコツ

第11章 二度手間にならないトーク

　世間では、「生産性を上げろ！」とか、「タイムマネジメントをしろ！」とか、「時間短縮をしろ！」などと言われていますが、元々は、工場などで勤務するブルーカラー向けの話でした。

　工場の場合、長く稼働すればするほど、生産する数量が増えます。効率をよくすることで、１時間に生産する個数が100個から120個になれば、それだけで利益が増えます。「置く場所を変える」「工程を入れかえる」などの工夫をすると、成果が出やすいです。二度手間になるようなことをしていたら、生産効率が悪くなるため、ありえない話です。

　これを、事務方（営業、人事、企画、事務など）のホワイトカラーに当てはめようとするから、上手くいかないのです。工場のように、誰がやっても同じ形にはなりません。結果が同じでも、人によって、やり方が違うからです。**逆に、ホワイトカラーの仕事は、自分の努力次第、自分の工夫次第で、いくらでも状況は良くなります。**営業が二度手間をなくし、「言った、言わない」で揉めなくなれば、お客様に対するフォローの時間が増えます。たった、１日１時間のフォロー時間が増えただけで、１ヶ月であれば20時間（稼働日数20日で計算）、１年で240時間の差がつくのです。

208

生産性を上げるとどうなる？

工場

工程変更

	変更前	変更後
1個	3分	2分半
1時間	20個	24個
1日（8時間）	160個	192個

1日 32個UP

置く場所変更

	変更前	変更後
1回	10歩	7歩
1日（100回）	1000歩	700歩
1日（時間）1歩1秒	17分	12分

1日 5分短縮

事務系

工場ほどはっきり表れないが、成果は上がる！

二度手間を減らす（確認する時間が短縮）

変更前	変更後
口頭のみ	文章に残す

電話のやり取りを減らす

変更前	変更後
アポ後から	アポその場で

人と人のやり取り減らす（誰が見ても分かるように）

変更前	変更後
あいまいな表現	数字で示す

| 個人 | 法人 | ルート | 新規 | 有形 | 無形 |

089

Theme 1日

次回の打ち合わせは
その場で取る

第11章　二度手間にならないトーク

　営業活動において、1回で成約できることは少なく、お客様のところへ何度も通うことで信頼関係が深まり、成約できるようになります。何度もお客様と会うために、次のアポの取り方が、とても重要になってきます。

　新規開拓などで、お客様が、案内する商品やサービスに全く興味がない場合は仕方ないとしても、**少しでも案内する商品やサービスに興味がある場合、ルート営業などで、すでに関係ができている場合などは、商談をしている「今」を大切にして欲しいのです。**次の打ち合わせは、その場で取るようにします。

　「今」なら取れたアポでも、時間が経つとお互いに熱が冷めてしまい、営業側は、「あとでいいか」と後回しになり、お客様は、「そんなに大した用事でもないので」とか「今入っている予定をずらすほどでもない」と、アポを優先しなくなってしまいます。最も営業パーソンが避けなければならない状況です。

　このようになると、アポが取りづらくなり、受注できる確率も下がってしまいます。なるべく、その場でアポを取るようにしましょう！

次回のアポ取り

営業

本日は、ありがとうございました

こちらこそ、ありがとうございました

お客様

こちらから、また、連絡させてください

分かりました

⚠ 新規や関係が浅い：次回までに熱量がなくなりどうでもよくなる
ルートや関係が深い：緊急でもないから、機会があれば

本日は、ありがとうございました

こちらこそ、ありがとうございました

次回の打ち合わせは、いかがいたしましょうか？

そうですね。いつにしましょうか

○日か●日はいかがでしょうか？

○日の１３時にしましょう！

💡 新規や関係が浅い：少しでも興味があれば断りにくい
ルートや関係が深い：熱量があるうちの方がアポが取りやすい

個人　法人　ルート　新規　有形　無形

090

Theme 1 日

あいまいな言葉を避けるトーク

第11章 二度手間にならないトーク

　「だいたい」「くらい」「早めに」「なるべく」などという言い回しは、とてもあいまいで、相手によって言葉の捉え方が大きく変わります。

　「1週間くらい」というのは、土日を含むのか、含まないのか、今日を含むのか、含まないのかの議論になります。1週間くらいなので、8日後でもOKと捉える人もいます。「なるべく早めに」と言われても、それが「1日後」なのか、「2日後」なのかは、人によって大きく変わります。

　通常、1ヶ月以上の時間がかかる見積りなどで、早めにという言葉が出てきた場合、2〜3週間が「早めに」だと営業サイドは考えますが、お客様は「早めに」が「5日」だと思っている人もいるくらいです。見積りを作る側は大変だと思っていても、見積もりをもらう側は大変なことを知らないかもしれません。

　このように、あいまいな言葉は、あとから「言った、言わない」の議論になります。このような場合は、「普通、○○だろ！」と、立場が弱い方が言い負かされることになります。

　ほとんどの場合、営業パーソンの方が、立場が弱いので、自分から不利な状況を作ってはいけません。

212

あいまいな言葉を避けるやり取り

営業

デザインの見本は、いつまでに必要でしょうか？

なるべく早めにお願いしたいです

お客様

なるべく早めに用意するようにいたします

よろしくお願いいたします

⚠ 「なるべく」というのが人によって感覚が違う

デザインの見本は、いつまでに必要でしょうか？

なるべく早めにお願いしたいです

ちなみに、「なるべく」というのは、どれくらいの日数を考えていますか？

2日くらいで考えています

デザイナーに確認しますが、最悪、何日まで猶予がありますか？

社内決済の都合上、3日後の20日までにいただきたいです

承知いたしました

💡 「あいまい」な言葉は、お互いの共通言語に統一し直すこと

個人 ／ 法人 ／ ルート ／ 新規 ／ 有形 ／ 無形

091

（1日）Theme

日程に加え、
曜日と時間を付け加える

第11章 二度手間にならないトーク

　訪問日、質問の回答日、見積書や報告書の提出日程など、ほとんどの人は、●月●日（●/●）もしくは、同月内であれば、●日と伝えるのが一般的です。

　数カ月経過して、メールやメモを見直してみると、「●日って、何月かな？」と疑問に思い、送信日時やメモをした日を確認したりするはずです。もし、ここに、●月●日（水）のように曜日が入っていれば、後から見直したときに、何月だったのか確定しやすいでしょう。

　結局、数日前だろうが、数カ月前だろうが、情報が足りないと、あとから調べる時間が必要になるということです。情報が多いほど、お互いに勘違いする確率が減ります。

　営業中の会話でのやりとりも、お互いの勘違いが起こらないよう、時間まで伝えるべきです。明日中と言われた場合、当日中に確認できる15時まで、定時の18時まで、その日の夜23時59分まで、どうせ夜に見ないから、次の日の始業開始前の8時59分までと、考え方は人によって違います。**●月●日（水）〇〇時までを確定して初めて、日時が完成すると考えてください。**

214

回答期日について答える

営業

> ご質問いただいた内容は、なるべく早く回答いたします

お客様

> いつ頃になりますでしょうか？

> あさってまでには回答できると思います
> （心の中は、あさっての夕方かな）

> よろしくお願いいたします
> （心の中は、午前中にはもらえそうだ）

⚠ 認識の違いが生まれ、あさっての当日、もめることがある

> ご質問いただいた内容は、なるべく早く回答したいのですが、調べる時間もあるため、いつまでなら大丈夫でしょうか？

> 2日くらいでお願いしたいです

> 2日後の15日（水）15時までに連絡します。いかがでしょうか？

> はい、それでお願いします

💡 15日（水）15時を超えなければ、何の問題もない

| 個人 | 法人 | ルート | 新規 | 有形 | 無形 |

092

Theme 1日

1つの電話やメールで
依頼は1つだけ

第11章
二度手間にならないトーク

　一度に多くのことを伝えようとする人がいます。1回で終わった方が、効率が良く、便利だと思っているようです。しかし、人には記憶できる能力の限界があります。**記憶のメカニズムからすると、最初と最後は記憶に残りやすく、それ以外は、記憶には残りません。** 3つのことを同時に伝えると、最初の1つ目か、最後の3つ目のどちらかが強く印象に残り、真ん中の2つめの内容は印象に残らないということになります。

　私もよく経験しますが、3つ以上のことを依頼すると、1つ目か3つ目の回答しか返ってきません。2つ目の回答を求めるため、再び、メールか電話をすることになります。結局、2度手間です。

　メールをするなら、1つのメールに要件は1つ。電話では、1つの要件しか伝えない。複数のやり取りが必要な場合は、打ち合わせを依頼し、会ってから1つずつ説明をするのが一番確実です。

> 初頭効果とは、最初に得た情報に強く影響される。
> 親近効果とは、最後に得た情報によって物事の判断が左右されやすくなる

電話でのやり取り

営業
新しい派遣スタッフ採用の件、決まりましたでしょうか？

まだ決済が下りていないので、もう少しお待ちください

お客様

分かりました、お待ちしております。別件なのですが、来週から派遣でお世話になるAさんの契約書、まだいただいていないです。状況はいかがでしょうか？

確認して連絡します

もう一つだけいいでしょうか？弊社で契約に際して、新しい書類が必要となりました。こちらの記入をお願いしたいです

分かりました。送ってください！

⚠ 言った・言わないに発展する可能性がある

新しい派遣スタッフ採用の件、決まりましたでしょうか？

まだ決済が下りていないので、もう少しお待ちください

分かりました、お待ちしております。別件で、いくつか確認したいことがあります。直接お会いしてお話したいのですが、時間をいただけませんか？

●日の午後なら時間取れます。いかがでしょうか？

では、●日の１４時にお願いします

分かりました。お待ちしております

💡 要件がいくつかある場合は、直接、お会いして話すべきです。最初から、訪問のアポを取ってもいいです

| 個人 | 法人 | ルート | 新規 | 有形 | 無形 |

093

Theme 1日

「言った、言わない」を 防ぐための念押しトーク

第11章 二度手間にならないトーク

　居酒屋やレストランで注文（最近は、QRコードやタブレットでの注文も増えましたが）を取りに来たスタッフが、注文を繰り返すのには意味があります。

　1つ目は、間違いがないかどうか確認するためです。2つ目は、お客様が勘違いして注文していたとしても、お客様が「間違いありません」と自分の口で答えているため、注文を取りに来た人のせいにできないことです。私は、2つ目の意味は、結構大きいと考えています。これを、お客様にも応用するのです。

　コミュニケーション用語では、クローズドクエスチョンと言います。「はい」「いいえ」でしか答えられない質問のことです。雑談などでは、話は広がりませんが、確認するとき、念押しをするときに、非常に強力なコミュニケーショントークとなります。

　値段、納期、要望など、あとから「あれやこれや」言われないために、営業パーソンが再度確認をして、相手に「はい！（間違いありません）」と言わせることです。相手の都合で変更して欲しいときなどは、自分の口で約束してしまっているので、こちらに強く言えないようです。

きちんと約束を取り付けるやり取り

営業

見積書は、いつまでに必要でしょうか？

なるべく早めにお願いしたいです

お客様

分かりました。なるべく早めに出すようにします！

よろしくお願いいたします

⚠ **これで問題ないこともあるが、きちんとした会社では通用しない**

見積書は、いつまでに必要でしょうか？

なるべく早めにお願いしたいです

メーカーへの確認が必要ですので、3日後の10日（金）は、間に合いますでしょうか？

それでお願いします

3日後の10日（金）に提出ということで大丈夫ですね

はい、大丈夫です！

💡 **相手から「YES」の意思表示をもらって終了すること**

第11章　二度手間にならないトーク

法人　ルート　有形　無形

094

Theme 1日

○分ではなく
終了時間を伝える

　普段、6時間くらいの研修を行うことが多いです。1時間から1時間半で休憩を入れますが、講師になったばかりの頃、伝え方が悪いために、何度も聞き返されることがありました。「今から10分間の休憩にします！　10分後に戻ってきてください」と伝えると、2～3分くらい経過した時点で、数人から、「休憩は何時までですか？」と聞き返されるのです。休憩に入ってから、スマホを見てからトイレに行く人と、すぐトイレに行く人では、時計を見る時間が違うのです。

　14時から10分の休憩の場合、スマホを見てからトイレに行く人は、時間を確認するのが、14時2分だったり、14時3分だったりとバラバラなのです。**あるときから、「今から10分間の休憩にします。14時10分までです」と終了の時間を伝えるようにしました。**そうしたら、誰も時間を聞きに来なくなりました。14時2分に時計を見ても、14時3分に時計を見ても、終わりの時間は14時10分という共通した時間なのです。ホワイトボードに板書して、見える状態にしておきます。

　ワークをする、作業をするなどの時間提示も同じです。●分ではなく、●時までと伝えます。

客先での長時間の会議など

営業

そろそろ休憩にしませんか？

そうですね。休憩にしましょう

お客様

１０分間の休憩にします！

はい、分かりました

⚠ １０分後が何時なのか分からない

そろそろ休憩にしませんか？

そうですね。休憩にしましょう

１０分間の休憩にします！１５時１０分までの１０分間です

（板書するとさらにいい）

はい、分かりました

💡 １０分後が何時なのか共通認識となる

個人　法人　ルート　新規　有形　無形

095

Theme 1 日

人は忘れやすいと覚えておく（エビングハウス忘却曲線）

第11章 二度手間にならないトーク

　基本的に、人はすぐ忘れます。

　かなりインパクトのある事は、記憶に残りやすいですが、それ以外は、記憶に残りません。何でもかんでも記憶に残ってしまうと、頭がパンクしてしまうので、人間の脳は、忘れるようにできています。

　結局、多くの人が覚えていることは、何度も繰り返されて記憶に定着したものになります。何度も何度も会うことで覚えてもらったり、何度も何度も書類を出すことで内容を覚えてもらったりしています。受験、資格試験などで、何度も復習するのは、記憶に定着させるためでもあります。

　あとから、「言った、言わない」で揉めるくらいなら、相手が覚えていることに期待をしないで、文章にして履歴を残せばいいのです。どうしても口約束になってしまう場合は、くどくどと何度も繰り返すしかありません。自分で会話内容をメモしておきます。**「人は忘れやすいもの」と覚えておけば、何らかの記憶に残すための工夫をするはずです。「人は覚えているもの」という前提で進めてしまうから、二度手間になるのです。**

エビングハウスの忘却曲線

エビングハウスの忘却曲線とは、ドイツの心理学者である「ヘルマン・エビングハウス」が、人が忘却するメカニズムを示したもの

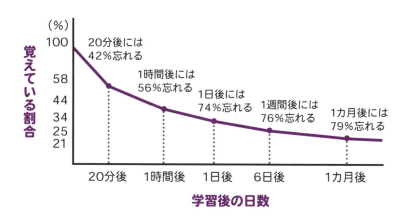

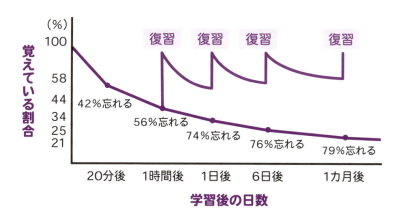

営業は、定期的に顔を出すことで、相手の記憶に定着できる

コラム 11

事務アシスタントが
Excelの原価が書いてあるシートを
送ってしまった

メールで見積書を送るとき、エクセルファイルは非常に危険です。なぜなら、別シートに原価が書いてあって、自動で計算できるようになっていることがあります。

大企業ほど、このようなファイルが多いです。紙に印刷して、印鑑を押して、スキャンして電子データにするか、紙のままお客様に提出する前提で作られています。

自分の業務が忙しく、慣れていない事務アシスタントの女性に、見積書を送るようお願いをしました。そうしたら、この原価が書いてあるエクセルシートごと添付してしまったのです。お客様も、見た目では見積書に見えますが、よく見ると、別のシートが付いています。そこを開いて、原価がばれてしまいました。幸いにも、長い付き合いのお客様でしたので、大ごとにはなりませんでしたが、利益を取りすぎということで、少し安くする羽目になりました。

エクセルシートを送るときは、必ず、シートは1枚だけにして、他のシートは削除し、画面から見えない範囲もきっちり目視するなど、念入りに確認する必要があります。

その後、エクセルファイルでのやりとりは、なるべくしないようになりました。今は、PDFファイルにして相手に送るのが主流ですので、間違いは減ったのではないでしょうか。

第12章

商談後のトーク

先日、提案した企画の結果はいかがでしょうか？

今回は、御社に決めました

ありがとうございます。差し支えなければ、弊社を選んだ理由を教えていただけませんでしょうか？

実は、長い付き合いになるので、あなたの早い対応を信用し、上司に推薦しました

そうだったんですね。ありがとうございます

個人　法人　ルート　新規　有形　無形

096

第12章　商談後のトーク

Theme 1 日

買うか買わないかを決めるのはお客様。すべてに理由がある

　商品やサービスが「売れた・売れなかった」の判断が、「運」だと思っている営業パーソンは、ほとんどいないでしょう。「運」の要素も絶対にないと言えなくもないですが、科学的に分析していけば、何らかの理由が存在します。その理由を見つけない限り、今後に生かせません。

　多くの営業パーソンは、失注した理由を聞きますが、受注した理由まで聞く人はごくわずかです。買った理由、買わなかった理由は、お客様に聞かなければ分かりません。すべての理由は、雰囲気で掴むものでもなく、なんとなく感じ取るものでもなく、言葉で確認するものです。買うか買わないかの理由を勝手に営業パーソンが決めるのではなく、すべてを決める権利はお客様にあるのだということを肝に銘じましょう。

　営業パーソンは、会社の強み弱み、販売している製品の強み弱み、営業自身の強み弱みを知る必要があります。特に、会社の強み弱み、販売している製品の強み弱みを知るには、マーケティングツールであるSWOT分析、クロスSWOT分析が役立ちます。一度、営業パーソン自身が作成してみてください。数人で作成すると、自分では気づかなかった意見が出てきます。

SWOT分析

	プラス要因	マイナス要因
内部環境	**強み** 自社が他社よりも優れた、勝てる得意な要因	**弱み** 自社が他社よりも劣った、負ける苦手な要因
外部環境	**機会** 自社にとって、有利な、安全な、役立つ市場の変化は？	**脅威** 自社にとって、不利な、危険な、負担増となる変化は？

クロスSWOT分析

	機会	脅威
強み	**強みの最大化** どうやって強みを最大化する？	**脅威に対処** 脅威に対処するためにどうする？
弱み	**弱点を補完** 弱点を補完するためにどうする？	**弱みを最小化** 弱みを最小化するためにどうする？

| 個人 | 法人 | ルート | 新規 | 有形 | 無形 |

097

1 Theme 日

受注できなかった場合の
理由を確認する

第12章 商談後のトーク

受注できなかった（失注した）ときの理由を確認していますか？

おそらく、きちんとした営業部門であれば、上司への報告が必要になりますし、今後の自分の糧となりますので、確認する癖がついているでしょう。これは、第2章の「自己開示をして関係を深める（ジョハリの窓）」にもあった通り、お客様から、買わない理由をフィードバックしてもらい、自分の認識を深めることが目的です。

問題なのは、受注できなかった理由を確認せず、安易に「また、次回お願いします！」と言い残すだけの人や、「なぜ、ダメなんでしょうか。もう一度、考え直してください！」と詰め寄るタイプの人です。

メールで断られた場合、そのメールに返信しても答えは返ってきませんので、電話をするか、可能であれば、打ち合わせをお願いするといいでしょう。

買わない理由は、自分には分かりません。多くの人は、「値段が高かった」「タイミングが悪かった」などと、推測で物事を判断していますが、実際に確認すると、別の理由であることも多いです。

受注できなかった場合の理由の確認

営業

先日、提案した企画の結果はいかがでしょうか？

残念ながら、今回は、他社に決めました

お客様

なぜ、他社なのでしょうか。もう一度考え直していただけませんか

決まったものを、変えようがありません

分かりました

 逆に、印象が悪くなるだけである

⬇

先日、提案した企画の結果はいかがでしょうか？

残念ながら、今回は、他社に決めました

ご検討いただき、ありがとうございました。差し支えなければ、他社を選んだ理由を教えていただけませんでしょうか？

今回は、最初に提案いただいたA社がよく対応してくれたもので……

貴重な意見をいただき、ありがとうございます

💡 今後の参考にすることができる

個人 法人 ルート 新規 有形 無形

第12章
商談後のトーク

098 ①Theme 1日

受注できた場合の理由を
確認する

　受注できた理由を確認している人はいますか？

　企業研修などで受講生に質問すると、ほとんどの人が「確認したことがない」と言います。「失注した理由」は確認しても、「受注した理由」は確認しないのです。受注できたことは、「売上」になるし、「今までやってきたことが身になった！」と思っているのでしょう。当然、受注した理由を上司からは聞かれないでしょう。

　くどいようですが、答えはお客様しか持っていません。**今後に生かすためにも、受注できた理由に加え、営業の良かった点、会社の良かった点などを確認すべきです。**

　受注できた理由を聞いてみると、驚くような答えが返ってきます。営業パーソンは、「ブランド力」「商品が良かった」などと推測していても、実際は、「○○さんの対応が良かった」「○○さんが信頼できたから」などと、人に関することが多いです。

　「値段が評価された」と思っている場合、今後も値段で勝負しようとします。「品質で受注できた」と思っている場合、品質を前面に出すでしょう。でも、お客様が「あなたの人柄」を評価していたとしたら、どうでしょうか。確認しない限り、その強みに永遠と気づきません。これは、非常にもったいないことです。

230

受注できた場合の理由の確認

営業

> 先日、提案した企画の結果はいかがでしょうか？

お客様

> 今回は、御社に決めました

> ありがとうございます。良かったです

> 早速、今後の対応について、お話させてください

⚠ **これでは、今後につなげようがありません**

> 先日、提案した企画の結果はいかがでしょうか？

> 今回は、御社に決めました

> ありがとうございます。差し支えなければ、弊社を選んだ理由を教えていただけませんでしょうか？

> 実は、長い付き合いになるので、あなたの早い対応を信用し、上司に推薦しました

> そうだったんですね。ありがとうございます

💡 **これが、営業の自信につながる**

第12章 商談後のトーク

| 個人 | 法人 | ルート | 新規 | 有形 | 無形 |

099

1 Theme 日

売った後が
財布のひもが緩くなる

　ネットで買い物をすると、決済した後に、割引商品がいくつか表示された経験はないでしょうか。車を購入すると決めた後、営業パーソンから定期点検に入るようにすすめられた経験はないでしょうか。これらは、購入後、財布のひもが緩くなるのを狙った営業手法です。購入した側の少し気持ちが大きくなっている瞬間と言えます。高額商品であればあるほど、財布のひもが緩みます。

　営業パーソンは、お客様が購入の決断をした後に、何らかの追加プランを提示してみましょう。商品と少し関係したもの、その商品がさらに便利になるものがおすすめです。

　例えば、高いペットを売った後に、日常で使用する水、食料などの購入を促してみると、高確率で売れることが多いです。基本は、購入した商品やサービスより安いものです。あまりにも金額が大きいと、「今さら何？」と嫌われる可能性がありますので、注意してください。

　個人向け営業にはかなり有効ですが、法人向けには使いにくいです。法人向け営業の場合、追加プランは、企画案の中に入れておいた方が無難です。

販売後のアフターフォロー

 お客様

では、この子（犬）に決めます

 店員

ご購入ありがとうございます！レジはこちらになります

はい、ありがとうございます

⚠ ここで終わってはもったいない

⬇

では、この子（犬）に決めます

ご購入ありがとうございます！ペットに必要な、水、食料も一緒に購入すると安くなります。いかがでしょうか

では、これもお願いします

ありがとうございます

💡 提案するタイミングが重要

| 個人 | 法人 | ルート | 新規 | 有形 | 無形 |

第12章 商談後のトーク

100

Theme 1 日

販売後の
アフターフォローに
全力をそそぐ

　売れない営業パーソンの行動パターンとして、「売るまでは一生懸命で、売ったら急に冷たくなる」というものです。**具体的には、お客様が購入した後、問い合わせをしても、「無難な回答しかしない」とか、売るまではよく通っていたのに、売ったとたん、急に訪問しなくなる。そして、また、売りたくなったら、急にやってくる人たちです。**

　このような営業パーソンは、二度と取引をしてもらえません。個人営業にしろ、法人営業にしろ、単発のお客様ばかり集めていては、儲かりません。継続してくれるお客様がいるからこそ、ビジネスが成り立つのです。

　新人営業の中には、「商品を売ったばかりで、お客様のところに訪問する理由がない」と言い訳する人もいます。営業は「売ることだけが仕事ではない」のです。お客様と「長くお付き合いできる環境を構築する」のが仕事なのです。そのためには、アフターフォローを欠かさないことです。「購入後の感想を聞きに行く」「数カ月後、様子を伺いに行く」などをしながら関係を深め、次に購入してくれる機会をリサーチしにいくのです。

販売後のアフターフォロー

営業

新製品ができましたので、紹介させていただけませんか

売った後、全然、顔見せなかったのに、今さら何の用？

お客様

申し訳ありませんでした。前回、購入していただいた商品の改良版ができました。より便利になると思います。いかがでしょうか

すぐ、変えるつもりはありませんから……

⚠ 逆に、印象が悪くなるだけである

先日、購入いただきました商品の調子はいかがでしょうか

今のところ問題ないですよ

これからも、良い商品をお届けするため、差し支えなければ、良い点、改善する点などを、ヒアリングさせていただけませんでしょうか

分かりました。では、〇日の15時にお越しください

💡 次の商品を提案する前に、定期的なアポを心がける

コラム **12**

お客様のご厚意には、
絶対に応じること

　今でも鮮明に覚えています。ある取引先の何十周年かのお祝いに、わざわざ、購買部長がペアのオーケストラコンサートチケットを持参してくれました。先輩の話では、すごくいいコンサートらしいのですが、仕事疲れでどうしても行く気になれず、同僚に渡しました。

　コンサートが終わった後、わざわざ、購買部長からお礼の電話があったのですが、私の受け答えがハッキリしていなかったので、「大岩さん、来られましたよね？」と質問されたので、「すみません。どうしても外せない予定があり、同僚が伺いました！」と正直に答えてしまったのです。そうしたら、「それは、所長ですか？（その購買部長と面識がある）」と聞かれたので、「違います！」と言った瞬間、ガチャっと電話を切られてしまいました。

　会社員時代、全精力を仕事に注いでいたためか、土日は疲れを癒すだけの日々でした。結局、この購買部長には、6カ月間も居留守を使われてしまいました。

　それ以来、お客様からいただいた食事券、コンサートチケット、ゴルフ入場券などは、どんなに忙しくても、自分が行くようにしています。そうすることで、次回、お客様とお会いしたときに、話が弾みますし、自分自身、負い目がなくて安心します。

　ほんと苦い思い出です。

― おわりに ―

　営業トークは、お客様を動かす力を持っています。

　営業トークとは、多くの人がイメージするような、調子よく相手をその気にさせるトークではありません。少し強気に出て、相手を説得させるようなトークでもありません。その場に応じて使い分け、相手の心理を利用した確実性のあるトークのことです。

　元々、営業と言えば、売上目標の達成が一番で、その次に利益目標の達成です。業界によっては、成約件数が一番です。一部の会社では、電話をかけた数、アポイント数、訪問回数など、そこに至るまでのプロセスを評価するケースも見られるようになってきましたが、営業トークの訓練をしている会社は、ほとんど見当たりません。

　どうしても「数字」で評価できる部分に偏ってしまいます。ですが、売れない営業が、売れる営業の電話をかけた数、アポイント数、訪問回数をマネしても、売れる営業にはなれません。なぜなら、営業トークの内容が違うからです。

　ホームページ、比較サイト、紹介記事、SNSの発達により、お客様の方が製品やサービスに詳しい時代です。行動力は、もちろん大切ですが、「件数」や「数字」を増やすだけでは、もはや、成約出来ない時代になっています。

　今まで営業の評価対象であった、売上、利益、成約件数など数字で見える部分を管理して見直すだけではなく、「どのような営業トークをすれば成約できるのか？」という部分を見直す時代に入ったと考えています。

　営業トークそのものにフォーカスを当てた営業本は数が少ないため、あえて、今回、執筆いたしました。ここで紹介した100の営業トークは、営業にとって武器になるものばかりです。それをどう取り入れ、どう活用するかは、本書を手に取ったあなた次第です。ぜひ、この営業トークスキルを活用して、あなたの営業力を向上させましょう。

　最後に、本書の作成にかかわっていただいた数多くの皆さまに心からお礼申し上げます。

　この本が、みなさんのお役に立てることを心から願っております。

大岩俊之

【参考文献】

『無敗営業 チーム戦略 オンラインとリアル ハイブリッドで勝つ』高橋浩一(著)

『セールス・イズ 科学的に「成果をコントロールする」営業術』今井晶也(著)

『この1冊ですべてわかる 営業の基本』横山信弘(著)

『決定版 営業心理術大全』菊原智明(著)

『成果に直結する「仮説提案営業」実践講座』城野えん(著)

『NEW SALES 新時代の営業に必要な7つの原則』麻野耕司(著)

『営業は台本が9割』加賀田裕之(著)

『シン・営業力』天野眞也(著)

『即決営業』堀口龍介(著)

『賢さをつくる 頭はよくなる。よくなりたければ。』谷川祐基(著)

『影響力の武器[第三版]: なぜ、人は動かされるのか』ロバート・B・チャルディーニ (著)、社会行動研究会 (翻訳)

『情報を正しく選択するための認知バイアス事典』情報文化研究所 (著), 山﨑紗紀子 (著), 宮代こずゑ (著), 菊池由希子 (著), 高橋昌一郎 (監修)

『情報を正しく選択するための認知バイアス事典 行動経済学・統計学・情報学編』情報文化研究所 (著), 米田紘康 (著), 竹村祐亮 (著), 石井慶子 (著), 高橋 昌一郎 (監修)

『1分で話せ 世界のトップが絶賛した大事なことだけシンプルに伝える技術』伊藤羊一(著)

『この1冊ですべてわかる 新版 コーチングの基本』鈴木義幸(著)

『図解 コーチング流タイプ分けを知ってアプローチするとうまくいく』鈴木義幸(著)

『図解入門ビジネス 最新コーチングの手法と実践がよ～くわかる本 [第4版]』谷口祥子(著)

『NLPの基本がわかる本』山﨑啓支(著)

『動物キャラナビ 決定版: 隠された本質もわかる人間のトリセツ』弦本將裕(著)

『1年目からうまくいく！セミナー講師 超入門』大岩俊之(著)

『売れる言いかえ大全』大岩俊之(著)

『1日1分読むだけで身につくお金大全100 改訂版』頼藤太希(著)、高山一恵(著)

『1日1テーマ読むだけで身につくホームページ集客大全100』芝田弘美(著)

プロフィール

大岩 俊之（おおいわ としゆき）

営業コンサルタント

　大学でAI（人工知能）と認知心理学を学び、卒業後ITエンジニアとして就職するが、人と会話することに魅力を感じ、営業職へ転職。電子部品メーカー、半導体商社、パソコンメーカーなどで、家電メーカー、自動車部品メーカー、家電量販店向けの法人営業を経験。売り込んだことがないのに、どの会社でも、必ず前年比150パーセント以上の成績を残す。最高月間売上3億円、200人中1位の売上実績を持つ。

　やりたいことで起業しようと、読書法、マインドマップなどの能力開発セミナー講師としてスタート。当初は知名度も人気もなかったものの、講師としての伝え方を徹底的に磨いたことで、営業、交渉、コミュニケーションなどの「呼ばれる講師」として、年間120日以上登壇するようになり、のべ1万人以上に指導した実績を持つ。現在も、社会心理学、認知心理学、産業心理学、組織心理学などの勉強を欠かさない。

　著書に『売れる言いかえ大全』（フォレスト出版）、『1年目からできる！セミナー講師超入門』（実務教育出版）など計13冊がある。

公式サイト　https://ooiwatoshiyuki.com/
X（旧Twitter）　https://x.com/kadenbook

1日1テーマ 読むだけで身につく 営業トーク大全 100

2024年11月2日　初版第1刷発行
2025年3月22日　初版第2刷発行

著者	大岩 俊之
デザイン	遠藤 葵・梶間 伴果（EDing Corporation）
装丁	テラカワ アキヒロ（Design Office TERRA）

発行者	竹内 尚志
発行所	株式会社 自由国民社
	〒171-0033 東京都豊島区高田3-10-11
	営業部／TEL：03-6233-0781
	編集部／TEL：03-6233-0786
印刷所	奥村印刷株式会社
製本所	新風製本株式会社

- 本書を利用したことによるいかなる損害などについても、著者および出版社はその責を負いません。
- 本書の内容に関しては万全を期すよう注意を払いましたが、誤り・脱落等がありましても、その責任は負いかねますのでご了承ください。
- 本書の内容は特に記載のないものは、2024年9月時点のものであり、予告なく変更される場合もあります。

©2024 Printed in Japan
本文記載の無断複写・転載を禁じます。落丁・乱丁はお取り替えいたします。